奥斯维辛的药剂师

维克托·卡佩休斯传

[英] 帕特里夏·波斯纳（Patricia Posner）◎著

王祖宁 ◎译

新世界出版社
NEW WORLD PRESS

北京版权保护中心引进书版权合同登记号：图字 01-2018-6728

图书在版编目（CIP）数据

奥斯维辛的药剂师：维克托·卡佩休斯传 /（英）帕特里夏·波斯纳著；王祖宁译．-- 北京：新世界出版社，2018.10

书名原文：The Pharmacist of Auschwitz: the Untold Story

ISBN 978-7-5104-6580-2

Ⅰ．①奥… Ⅱ．①帕… ②王… Ⅲ．①长篇小说－英国－现代 Ⅳ．① I561.45

中国版本图书馆 CIP 数据核字 (2018) 第 194795 号

奥斯维辛的药剂师

作　　者：［英］帕特里夏·波斯纳（Patricia Posner）
译　　者：王祖宁
策　　划：中资海派
执行策划：黄　河　桂　林
责任编辑：贾瑞娜
特约编辑：林　晖
责任印制：胡小瑜　王宝根
出版发行：新世界出版社
社　　址：北京西城区百万庄大街 24 号（100037）
发 行 部：（010）6899 5968　（010）6899 8705（传真）
总 编 室：（010）6899 5424　（010）6832 6679（传真）
http://www.nwp.cn　　http://www.nwp.com.cn
版 权 部：+8610 6899 6306
版权部电子信箱：frank@nwp.com.cn
印　　刷：深圳市东亚彩色印刷包装有限公司
经　　销：新华书店
开　　本：787mm×1092mm　1/16
字　　数：300 千　　印　　张：17
版　　次：2018 年 10 月第 1 版　　2018 年 10 月第 1 次印刷
书　　号：ISBN 978-7-5104-6580-2
定　　价：48.00 元

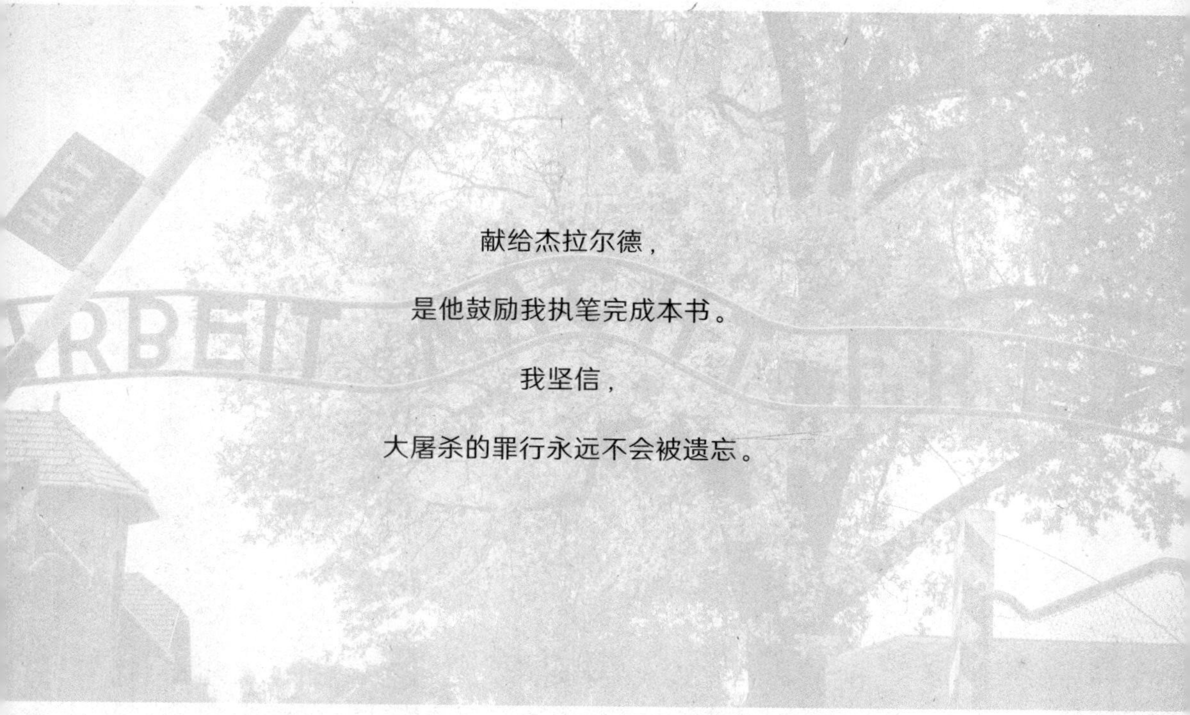

献给杰拉尔德，

是他鼓励我执笔完成本书。

我坚信，

大屠杀的罪行永远不会被遗忘。

THE PHARMACIST OF AUSCHWITZ —— THE UNTOLD STORY —— 权威推荐

达米安·刘易斯
英国畅销书作家和著名电影制作人、著名战地记者
英国皇家地理学会会员
著有《纳粹猎人》《奴隶》等书

令人震惊、发人深省、扣人心弦。这是一个内容真实、引人入胜的故事，也是有关二战和大屠杀历史的里程碑之作。

安德鲁·罗伯茨
杰出的传记作家和历史学家、英国皇家文学学会和皇家艺术学会会员
著有《索尔兹伯里》《战争风云》《拿破仑大帝》等书

本书辞藻华丽优美，情节让人潸然泪下。作者通过详尽的调查，展示了大屠杀鲜为人知的一面。帕特里夏·波斯纳散文化的精炼文笔，从第一页起就抓住了读者的心弦，让我们在释卷良久后仍然挥不去恐怖的记忆。

《科克斯书评》，2016 年 11 月 1 日

一个栩栩如生、令人毛骨悚然的故事。

《犹太复兴杂志》，2017 年 1 月

波斯纳摒弃了耸人听闻的写作手法，却为我们献上了一部惹人悲伤而且具有重要意义的作品。

《迈阿密艺术电子杂志》，2016 年 12 月

一份完美无瑕的研究……文笔精炼明了……帕特里夏·波斯纳记叙了一个至今还根本尚未完结的故事，这是非常有意义的。作品扣人心弦，强烈推荐。

《达拉斯早间新闻》

波斯纳的书使 I.G. 法本这家纳粹德国最大的工业集团的故事变得加倍引人入胜……尤为重要的是，她的书赞扬了一种罕见的英雄行为。其支线故事为我们深入刻画了纳粹猎人弗里茨·鲍尔的形象，十分激动人心。此人毫不留情地追捕卡佩休斯并将其带上了审判席。

《旧金山书评》

这是一个令人毛骨悚然、眼界大开、屏息凝神的故事。它展现了人类的贪婪、腐败和伤痛……语言已经无法准确描述这些篇幅所揭示的人性的毁灭与丧失。在该书中你会时常感觉到自己仿佛与党卫军军官和他们的犯人待在一起。

亚伯拉罕·库珀拉比　西蒙·维森塔尔中心联合创始人

一部重要作品……帕特里夏·波斯纳让新的一代人能够明白卡佩休斯和像他一样的其他人是如何径直走向地狱的。

THE PHARMACIST OF AUSCHWITZ — THE UNTOLD STORY —

推荐序

普通纳粹的灭亡之路

西蒙·维森塔尔中心联合创始人

亚伯拉罕·库珀拉比

我有幸在大约三十年前结识了人称“纳粹猎人”的西蒙·维森塔尔，并得以与他共事。在纳粹大屠杀中，他的家族共有89人丧生。在此期间，西蒙也经历和目睹了纳粹罄竹难书的野蛮残暴行径。1945年5月5日，他被美军士兵从毛特豪森集中营[①]解救出来时，已经奄奄一息。从此以后，他开始全力以赴追查那些大肆屠杀犹太人的刽子手。在他的协助下，约有1 100名纳粹罪犯落网，其中包括逮捕安妮·弗兰克一家的凶犯。

①建立于1938年的毛特豪森集中营位于奥地利的上奥洲首府林茨附近。——译者注

维森塔尔的信条是“寻求正义，而非报仇雪恨”。1977年西蒙·维森塔尔中心落成后，他曾经表示：“我们要做的是为犯罪分子量刑定罪，而不是为新纳粹运动制造烈士。”他始终致力于追求正义。为了保存历史和讨回公道，他在冷战期间几乎是在孤军奋战，没有获得过任何重大援助。

20世纪七八十年代，他在美国各大院校演讲时多次说过：“每场审判都是一种鉴戒，教育人们不要满怀仇恨；同时也是一种警告，提醒今后数代尚未出生的世人，人们有可能对同类施加何等暴行。”

诚哉斯言。时隔70载后回溯这场浩劫时，仍有人会本能地宣称，奥斯维辛已经与当代无关，在伊朗和一些阿拉伯地区尤其如此。所以帕特里夏·波斯纳的这本书不仅十分重要，而且与当今社会密切相关。该书记述了维克多·卡佩休斯的经历。他接受过良好的教育，被训练成一名药剂师。在I.G.法本和拜耳公司，他曾是一名颇受欢迎的推销员。第二次世界大战前，他与故乡罗马尼亚的犹太人交往密切。但也正是此人与奥斯维辛的“死亡天使”沆瀣一气，亲手将自己在和平时期结识的人送入毒气室处死，包括一对年幼的犹太双胞胎。他不仅为希特勒看管大量的齐克隆B毒剂，而且负责为纳粹医生提供药品，好让他们在孕妇和儿童身上实施恐怖而致命的实验。也正是此人不惜从被害犹太人的尸体上拔掉金牙，从数以千计遇难者身上攫取一箱箱沉甸甸的黄金。

同样重要的是，波斯纳不仅在书中记述了卡佩休斯在奥斯维辛的所作所为，而且重现了20世纪60年代初纳粹战犯在联邦德国法庭接受集体审判时的情景，其中包括奥斯维辛指挥官的主要助手、医生、牙医、囚犯头目以及卡佩休斯本人。无论在接受审判还是被判9年有期徒刑时，卡佩休斯和其他罪犯都表现得毫无悔意。纳粹余孽们轻蔑地瞪着那些敢于在联邦德国法庭作证的幸存者，仿佛对这些昔日的囚犯得以生还颇为失望。卡佩休斯不仅从死者身上偷窃和掠夺财物，还谎话连篇。他矢口否认自己的罪行，拒绝为他在集中营的所作所为承担责任，也不愿向被他杀害的犹太人道歉。在他看来，自己也是一个牺牲品，是一个唯上级命令是从的好人，而作为一个无名小卒，自己从一开始就不应该遭到逮捕。

1968 年 1 月 24 日，卡佩休斯服刑不到两年半就被联邦德国最高法院从监狱释放。获释后，他在格平根的一场古典音乐会上首次公开露面。当他步入音乐厅时，观众们自发地致以热烈的掌声。许多人认为卡佩休斯值得同情，理应予以支持。而这些人很可能包括一些曾经加入纳粹党的联邦德国法官，正是他们将其提前释放。总而言之，在他们眼中，卡佩休斯是一位品行端正的联邦德国公民，只不过执行了上级的命令而已。

通过该书，帕特里夏·波斯纳使后世的人们明白，卡佩休斯之流如何心甘情愿地踏上了通向地狱的不归路。

洛杉矶市，加利福尼亚州

2016 年 8 月

备　注：

西蒙·维森塔尔中心于 1977 年成立，是一个被联合国教育科学文化组织承认的国际犹太人权机构，以犹太幸存者、著名的纳粹猎人西蒙·维森塔尔的名字命名。

亚伯拉罕·库珀拉比是该中心的副院长，也是美国久负盛名的犹太人权活动家，曾推动日本三菱公司于 2015 年就二战期间强征美军战俘劳工在美国举行道歉仪式。

前 言

一个疯狂故事的诞生

1986年春，我下榻于纽约广场饭店。在我丈夫兼作家杰拉尔德·波斯纳的安排下，我们准备在一家名叫“维克商人”的波兰主题餐厅与罗尔夫·门格勒会面。此行的目的是研究臭名昭著的“死亡天使”约瑟夫·门格勒。正是此人在纳粹最大的集中营——奥斯维辛开展了许多令人发指的医学实验。一开始，杰拉尔德只是为门格勒实验中的两名幸存者提供法律援助。但是随着越来越多的有关门格勒医生的资料流出，这场法律支援演变成了一部关于这个纳粹逃犯的传记。我们在这期间多次造访德国和南美洲，搜寻那些长期封存的档案，还打入了战后的新纳粹势力当中。门格勒在这股势力的帮助下，总是能够先人一步，摆脱纳粹猎人们的追踪。

在维克商人餐厅，我们要见的正是这个邪恶医师的独子罗尔夫·门格勒。杰拉尔德和我坐在位于一个角落里的昏暗隔间中，等待着42岁的罗尔夫现身。作为一名英籍犹太人，我很清楚，如果我的波兰籍外祖父和外祖母没有在20世纪初移民英国，他们很可能会在纳粹的集中营里丧命，甚至死在门格勒之流主宰的奥斯维辛。正因为如此，在研究门格勒的过程中，大部分时候我都会产生超现实之感。在布宜诺斯艾利斯，杰拉尔德与威尔弗雷德·冯·奥芬之间的交流不仅令人不快，甚至剑拔弩张。后者曾经担任纳粹宣传部部长约瑟夫·戈培尔的高级助理，也是战后阿根廷一份反犹杂志的出版商。还有一次，我看到了一批纳粹纪念品，这些“礼物”来自一个为门格勒争取巴拉圭国籍的赞助者。但与罗尔夫·门格勒的会面让上述经历都黯然失色。

杰拉尔德和我多次谈到，后代不应该为父辈的罪恶承担责任。经过此前的调查，我知道，罗尔夫曾谴责其父在奥斯维辛的所作所为，并且努力想要有所弥补。因此，他允许杰拉尔德在即将出版的传记中免费使用门格勒的日记和通信。此次纽约之行还有一个目的，即询问罗尔夫是否愿意在直播电视节目中谈论门格勒（当年夏天，他和杰拉尔德在《菲尔·多纳休谈话节目》中谈起了自己的父亲）。我从理智上明白，虽然老门格勒在奥斯维辛犯下了令人毛骨悚然的罪行，但我即将面对的这个人不应为此负责。尽管如此，我的心里还是十分紧张和矛盾。几个星期以来，杰拉尔德在德国与罗尔夫已有数次会面，两人相处得十分融洽，只有我是第一次与罗尔夫相见，因此手足无措。

在罗尔夫到来后，我的疑惧很快就烟消云散了。他似乎和我一样紧张，这种不安从某种程度上反而缓解了双方的焦虑。令我印象深刻的是，在谴责他父亲的罪行时，罗尔夫表现得十分真诚。随后几天里，我发现，门格勒实施的暴行给罗尔夫造成了沉重的负担。对于父亲留下的遗产，他无法完全理解和接受，并且极力想要避免子孙继续深受其害。

讨论到门格勒如何逍遥法外时，我们谈起了 1945 年 5 月战争结束后最初几个月的事情。那时情况仍然十分混乱。在美英联军对门格勒开展追捕之际，他仍然藏匿在欧洲。事实上，他曾经多次侥幸脱身。例如，他前脚刚离开奥斯维辛，苏联红军后脚就赶到了这座集中营。几个月后，即 1945 年 9 月，他突然出现在慕尼黑一个药剂师的家中。对于这一事件，我始终难以忘怀。1942 年，在门格勒被调往奥斯维辛之前，这个身份不明的药剂师曾在苏联前线为他效劳。然而，据罗尔夫透露，慕尼黑的这个药剂师了解其父的罪行，因为两者有一个共同的熟人，此人便是维克多・卡佩休斯，另一个曾在死亡集中营与门格勒共事的药剂师。

“卡佩休斯是奥斯维辛的药剂师，”罗尔夫说，“我的父亲和他是朋友。”

当时的情景我仍然记忆犹新。我的第一个反应是：“奥斯维辛也有药剂师吗？”

多年以来，在写自己的书以及与杰拉尔德共同写书时，我总是希望有一天能够写一写卡佩休斯。随着时间的推移，我逐渐意识到，人们往往关注的是那些更加臭名昭著的纳粹分子，却无人揭露卡佩休斯以及他与德国最大的几家药业公司在奥斯维辛扮演的角色。正因如此，我的写作欲望变得愈发强烈。这些年来，我积累的资料越来越多，逐渐展现出一个引人注目的故事，它讲述的内容与反常的医学研究和贪婪心理有关。31 年前，罗尔夫・门格勒的寥寥数语犹如播下一颗种子，如今这颗种子终于长成参天大树。下面就是这个奥斯维辛药剂师独一无二的经历，它令人恐慌，有时甚至近乎疯狂。

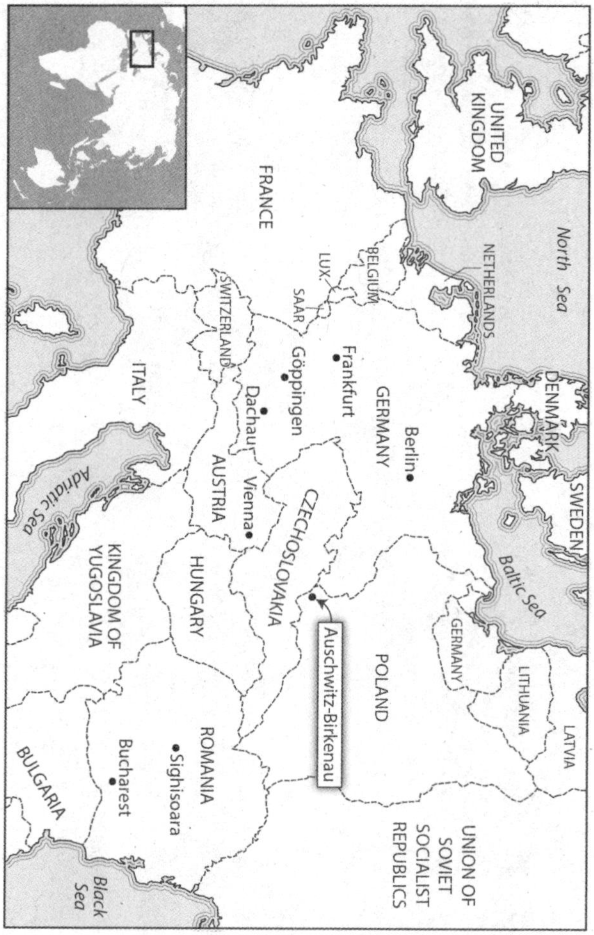

Adriatic Sea 亚得里亚海
Auschwitz-Birkenau
奥斯维辛 - 比克瑙
AUSTRIA 奥地利
Baltic Sea 波罗的海
BELGIUM 比利时
Berlin 柏林
Black Sea 黑海
Bucharest 布加勒斯特
BULGARIA 保加利亚
CZECHOSLOVAKIA
捷克斯洛伐克
Dachau 达豪
DENMARK 丹麦
FRANCE 法国
Frankfurt 法兰克福
GERMANY 德国
Göppingen 格平根
HUNGARY 匈牙利
ITALY 意大利
KINGDOM OF YUGOSLAVIA
南斯拉夫王国
LATVIA 拉脱维亚
LITHUANIA 立陶宛
LUX. 卢森堡
NETHERLANDS 荷兰
North Sea 北海
POLAND 波兰
ROMANIA 罗马尼亚
SAAR 萨尔地区
Sighisoara 锡吉什瓦拉
SWEDEN 瑞典
SWITZERLAND 瑞士
UNION OF SOVIET SOCIA-
LIST REPUBLICS
苏维埃社会主义共和国联盟
UNITED KINGDOM 英国
Vienna 维也纳

THE PHARMACIST OF AUSCHWITZ
— THE UNTOLD STORY —

目 录

THE PHARMACIST OF AUSCHWITZ

｜第 1 章｜

药剂师叔叔在奥斯维辛

1944 年 5 月，工业化大屠杀在奥斯维辛马力全开。纳粹的大规模种族灭绝在这座集中营达到登峰造极的地步。为了消灭欧洲的犹太人，第三帝国发动了一场战争。此时，这场战争已经达到疯狂的顶点。80 万匈牙利犹太人被运往奥斯维辛，并被送进那里的毒气室，奥斯维辛成了大屠杀的同义词。由于犹太人源源不断地涌入，这座集中营已经疲于应付。就在到处乱作一团时，罗马尼亚医生莫里提乌斯·伯纳及其妻儿来到了奥斯维辛。就在 3 天前，伯纳一家和 80 名犹太邻居一起被塞进一节运畜车厢，从匈牙利控制下的特兰西瓦尼亚[1] 出发，经过艰

①旧地区名，指罗马尼亚中西部地区。——译者注

难跋涉，在黎明前抵达了目的地。

“有人从外面解开锁链，然后打开门，”伯纳后来回忆道，“地上的手提箱不计其数，成千上万的行李被杂乱无章地堆在那里。”

在雪亮的聚光灯下，一队党卫军和厉声咆哮的阿尔萨斯狼犬出现在面前，让一切看起来亦真亦幻。

“我不清楚我们身在何方，也不清楚发生了什么事，眼前到处都是断壁残垣。我们抬头望去，数百米开外的两条铁轨之间，两座工厂烟囱冒出滚滚浓烟，直冲云霄……一开始，我们以为这里是一座遭到轰炸的火车站……但烟囱里冒出的冲天浓烟让我不禁觉得，我们如果不是来到了某个钢铁厂，那一定是走进了但丁笔下的地狱大门。”

虽然很害怕，但伯纳医生还是安慰妻儿说：“最重要的是，我们五个人会待在一起……不会让任何人把我们分开。”

就在这时，一个党卫军军官走到他们面前。

“男人靠右，女人靠左。”

“转瞬之间，我和妻子儿女就被拆散了，”伯纳回忆说。她们开始在几英尺[①] 外的两列平行队伍中慢吞吞地前行。

“来呀，亲爱的，来亲亲我们吧，”他的妻子喊道。

“我跑回她们身旁，泪眼婆娑地亲吻着妻子和孩子们。由于心中悲痛，我感到喉头一阵阵发紧。我望着妻子美丽而哀伤的双眸，她的眼睛睁得大大的，神情中充满了对死亡的恐惧。孩子们面面相觑，一言不发地跟着母亲，她们无法理解眼前发生的一切。”

一个卫兵将伯纳推回男人的队伍。几分钟后，另一个卫兵喊道：“医生在这里排队。”于是，伯纳走进在几辆红十字卡车旁聚集着的一小群

① 1 英尺 =0.3048 米。——译者注

人中。他看见，新来的犹太人数以千计，在铁道旁排成的队伍足有 1/4 英里[①] 长。一个制服整洁笔挺、戴着白手套的党卫军上尉站在他们前方。当人们走近这个军官时，他会伸出拇指，示意某人向左或向右，再次将队伍分成两列。直到后来，伯纳才知道，这个军官就是约瑟夫·门格勒，而站到左边的人们会被立即处决。

在门格勒身后几步远的地方，站着另一个党卫军军官。此人身材矮壮，背对着伯纳。在门格勒做出选择后，他负责为囚徒指引方向。当这个军官转过身来时，伯纳大感惊诧。他摇摇头，又揉揉眼，生怕自己认错了人。站在奥斯维辛铁路尽头的这个党卫军少校正是维克多·卡佩休斯。他是一个药剂师，也是伯纳的同乡。

20 世纪 30 年代，卡佩休斯曾在德国的化工巨头 I.G. 法本公司工作，是一名讨人喜欢的推销员，负责为法本的制药子公司拜耳销售药品。

“战争爆发后，我再也没有见过卡佩休斯，”伯纳回忆道，“直到我和家人来到奥斯维辛。瞧瞧谁在那儿？就是这个卡佩休斯医生。”

伯纳缓缓靠近卡佩休斯，好让后者能听到自己说话，然后两人迅速对起话来。

“你还记得我吗？”他恳求卡佩休斯让自己与妻子、12 岁的女儿和一对 9 岁双胞胎待在一起。

“双胞胎？”卡佩休斯似乎很感兴趣。

卡佩休斯和另一个党卫军医生弗里茨·克莱因找到伯纳的妻子和孩子，将这家人带到门格勒面前。后者正目不转睛地盯着这支由新来的囚徒列成的长队。

克莱因把双胞胎的事情告诉了门格勒。

① 1 英里 =1609.344 米。——译者注

门格勒沉迷于从人群中寻找双胞胎，用他们做实验。但是随着战况急转直下，他清楚自己已经不可能像过去那样随心所欲，带走每一对双胞胎了。

“同卵双胞胎还是异卵双胞胎？”门格勒问。

“异卵双胞胎，”克莱因答道。

“晚些时候再说吧，”门格勒挥手让他离开，“我现在没空。”

“她们得回到原先的队伍中去，”卡佩休斯对呜咽不止的伯纳说，“不要哭了。你的太太和孩子只不过是去洗个澡。一个小时后，你们就能再次见面了。”

事实上，伯纳被送往了奥斯维辛下辖的一个劳工营。直到战争结束后，他才得知，在抵达奥斯维辛不到一个小时内，他的家人就在毒气室中遇难了。

当天，在筛选囚徒的车站坡道那里，还有两人认出了卡佩休斯。儿科医生吉塞拉·博姆和她 19 岁的女儿艾拉也在同一列火车上。在这趟可怕的旅途中，艾拉曾经设法安慰伯纳的双胞胎女儿。当列车走到尽头，卡佩休斯的身影出现之后，这对母女同样惊诧不已。

早在卡佩休斯还是拜耳公司的一名推销员时，博姆就认识他。在她的家乡沙斯堡[①]，卡佩休斯开过一家药房，打过电话给她同为医生的丈夫，向他推销药品。有一次，卡佩休斯还为博姆夫妇播放了拜耳公司的宣传片。

艾拉一直对卡佩休斯印象很好。12 岁时，父亲曾将卡佩休斯介绍给她，并且告诉她说，这是她的“药剂师叔叔”。卡佩休斯送给她一本拜耳公司的笔记簿作为礼物。“我很喜欢这本笔记簿，”多年以后，艾拉回

① Schässburg，罗马尼亚城市锡吉什瓦拉的德语名。——译者注

忆道，“甚至还在学校四处炫耀。”有时候，卡佩休斯会和博姆一家到公共游泳池游泳，一起休息一下。艾拉还记得，他“对我十分和蔼”。

当艾拉看见卡佩休斯时，她的第一反应是，这位叔叔一定会将自己和妈妈从成千上万的囚徒中带出来。但卡佩休斯压根儿没有注意到她。“他在这里做什么？”艾拉大惑不解，“在这样一个与世隔绝的地方，一名药剂师能干什么？”

第 2 章 纳粹与 I.G. 法本的爱恨情仇

回答艾拉的问题，很不容易。想理解卡佩休斯这样的药剂师能在奥斯维辛干什么，我们必须先弄清这座集中营是如何发展成为一座集苦役、医学实验和种族灭绝为一体的盈利中心，并且需要明白它是如何逐步演变为纳粹党与 I.G. 法本公司——德国最大的企业，在军事、工业和政治上相互勾结的产物的。对卡佩休斯来说，仅仅了解奥斯维辛的黑暗历史不足以解释他为什么会出现在这里。战争爆发前，他在法本及其下属的制药公司拜耳工作。正是这个缘故，使他在奥斯维辛集中营得到了比其他纳粹分子更高的地位。

法本公司全称“染料工业利益集团”，成立于 1925 年 12 月，也就是希特勒成为德国总理的 8 年之前。这家化工巨头由 6 家最大的化学品和制药公司合并而成，其中包括全球最大的合成染料制造商拜耳、赫斯特、巴斯夫和阿克发。

从成立之初到二战爆发的 14 年间，法本公司先后在化学和医药领域荣获 4 项诺贝尔奖。该公司几乎垄断了橡胶、石油等合成原料前沿制造领域的所有创新专利，完全掌握了治疗梅毒和疟疾的新药、吗啡和奴佛卡因（普鲁卡因）的专利以及将阿司匹林作为止痛药的专有权。此外，从人造甜味剂糖精到强有力的毒气，再到有可能用于推进火箭的燃料，法本公司在数千种用途迥异的产品研发上始终处于领先地位。其 25 万员工比同行待遇更高，技术也更加娴熟。因此，在短短的时间内，拥有众多合股企业和子公司的法本一跃成为全球最大的化工企业和仅次于通用汽车、美国钢铁公司及标准石油公司的第四大工业集团。不仅如此，它还遥遥领先地成为德国最赚钱的公司。

希特勒早在上台之前就像其他许多德国人一样坚信：德国之所以在第一次世界大战中失败，在很大程度上是因为自然资源的匮乏，不足以支撑旷日持久的军事行动。一战期间，英国实施的海上封锁切断了德国的补给线，橡胶、石油、钢铁和硝酸盐无法运抵目的地，所以德国的主要产业几乎停滞不前。其结果是，德军长期缺少弹药和燃料等物资，在战场上处处受到掣肘。最终，德国人因原料短缺和饥荒肆虐而丧失了斗志。

希特勒参加过第一次世界大战，曾经是一个受勋的士兵。他认为，德国必须在军事上自给自足。法本公司的技术使希特勒看到了重建德国的一线希望：依靠法本，德国就有可能在石油、橡胶和硝酸盐上摆脱对别国的依赖。一个是如日方升的右翼民族主义政党，另一个是庞大的企业集团，但纳粹和法本公司之间的关系从一开始就充满坎坷波折，因为这家公司中许多出类拔萃的科学家和执行董事会三分之一的成员都是犹太人。在法本公司和第三帝国的媾和过程中，矛盾从未停止。纳粹宣传刊物和评论者诋毁法本公司是“国际金融资本的工具”。言下之意就是一小撮犹太人组成的阴谋集团控制和操纵了全球的工业和金融市场。有时，他们甚至讥讽 I.G. 法本为 I.G. 摩洛。摩洛是迦南人信奉的神祇，为了得到摩洛神的庇佑，迦南人会将儿童献祭。这种说法旨在使人联想起数百年来的谣传，即犹太人杀害基督徒的婴孩，并且用他们的鲜血献祭。极端反犹的周报《先锋报》甚至刊登了题为“伊西多尔·G. 法布尔”①的漫画，恶意攻击法本公司为犹太商人夏洛克②与妓女的合体。

法本公司的制药部门也受到了纳粹的严厉指责，因为这些部门历来使用动物进行药物测试。令人不可思议的是，一些纳粹高官竟然是坚定的动物权益保护者，希特勒本人也主张茹素，并且希望有朝一日关停德国所有的屠宰场。纳粹甚至通过法律保护动物免遭猎杀，禁止在电影摄制或马戏表演中使用动物，宣布按犹太教规宰杀牲畜是违法行为。而且德国还是第一个禁止活体解剖的国家。如果有人用动物做试验，那么他轻则被关进集中营拘禁，重则被判处死刑。法本公司最杰出的医学家之一海因里希·赫勒因提出，为了测试救命新药的安全性，动物实验至关重要。但在纳粹看来，这种观点只不过是法本公司隶属“国际犹太组织”的又一项证据。

诺贝尔化学奖得主、法本董事会主席卡尔·博施对希特勒没有任何好感。博施认为，科学创新是法本公司的重要支柱，而纳粹分子根本意

①原文为 Isidore G. Farber，Farber 在德语中有染料工的意思。——译者注

②莎士比亚《威尼斯商人》中视财如命、冷酷无情、报复心很强的人物，这个形象过去在西方常被用于反犹宣传。——译者注

识不到这一点，因为他们缺乏科学精神，只是一群政治暴徒而已。然而随着希特勒的崛起，博施意识到法本公司必须转变，从不受信任的局外人变为不可或缺的合作者，因此博施打开了法本的大门，成为1933年选举中纳粹党在财政上的最大支持者。希特勒在总理投票中赢得了近600万张选票，巩固了他的领袖地位。此外，博施还派遣自诩同纳粹相熟的新闻秘书到柏林游说，声称该公司的领导层大都是“靠自己奋斗而获得成功的基督徒”。

与此同时，希特勒对法本在合成油方面的专利产生了浓厚兴趣。会见该公司的两名高级主管时，这个元首出人意料地表示，他希望德国能够自给自足。在他实现这一目标的计划中，法本公司处于核心地位。1933年底，博施和希特勒举行了高级会谈。一开始，两人一拍即合，极力赞同不惜重金制定燃料自给的应急计划，但是这次会谈随后却变了味。博施担忧，纳粹正加速采取措施，将犹太人排除在科学界之外。博施直言不讳地表示，如果德国强迫犹太科学家离境，该国的化学和物理水平将倒退一百年。这一言论激怒了希特勒，“那就不要物理和化学好了，我们照样能再干一百年。”他吼道。

两人在驱逐犹太科学家一事上产生龃龉。当年，纳粹通过了授权法案，希特勒得以禁止犹太人从事科学和技术相关的行业，他们也不得在大学教书以及担任公职为政府部门提供服务。博施不顾其他主管的忠告，继续为犹太科学家大声疾呼。正因如此，希特勒再也不愿与博施对话。

纳粹可以解散那些实力较弱、影响较小的公司，但希特勒及其心腹清楚，他们需要法本的技术和实力。所以他们从1937年开始着手将法本纳粹化，以顺应第三帝国的需求。纳粹先是将拜耳公司的一名药剂师罗伯特·莱伊任命为纳粹部长，领导“帝国劳工阵线”，随后他们解雇了法本管理层的所有犹太人。1/3 的监事会成员被迫离开总部，不得与公司发生任何形式的联系。研究部门的犹太科学家骨干被扫地出门，他们的职位立即由他人取代。当犹太人被逐出法本的高层后，卡尔·博施成了公司的名誉主席，几乎丧失了实权。三年后，他在酗酒和抑郁的双重折磨下死去。临终前，他向医生预言，希特勒将带领德国走向灭亡。

1938 年 7 月，第三帝国颁布政令，规定董事会只要有一个犹太人，一家公司就可以被界定为“犹太公司”。从此以后，纳粹和法本之间的紧张关系和互相攻讦成为过去。公司的许多高层都加入了纳粹党甚至党卫军。按照种族法，法本公司成功地申请到了“德国公司”的证书。为了表明自己对政令的重视程度，并旨在成为一家雅利安公司，法本甚至解雇了在德国境外的国际分部工作的 107 名犹太人部门主管。此外，法本还成功地将美国的全资子公司变成纳粹在美国开展间谍活动的最有效工具。由于阿克发、安斯可和通用苯胺等胶片公司均归法本所有，因此其“推销员”可以获得大量秘密军事基地的照片，甚至陆空两军机密战略的副本。

1938 年 3 月，希特勒吞并奥地利，法本和第三帝国的合作关系进入全盛时期。数周之内，法本便夺取了斯柯达沃克 - 韦茨勒的控制权。后者是奥地利最大的化工企业，由欧洲最显赫的金融家族罗斯柴尔德控股。在强行开除公司高层的所有犹太人后，法本带来了一批雅利安的技师和管理人员（斯柯达的犹太总经理伊萨多·波拉克被一群纳粹冲锋队队员活活踢死）。

希特勒占领其他国家后，法本故伎重演，其接管斯柯达的模式成了操作范本。1938 年，在德国和捷克斯洛伐克僵持期间，法本以纳粹入侵相威胁，用极低的价格收购了其最大的化工企业乌斯季联合公司。

当纳粹准备在1939年9月1日对波兰发动闪电战时，法本更换了他们在第三帝国内部的效忠对象。德波战争前，德国空军元帅赫尔曼·戈林是法本最大的支持者。波兰陷落后，法本转而与党卫军帝国长官海因里希·希姆莱结盟，因为后者在公司和财产的处置上拥有最终决策权。正因为如此，法本才一口气拿下了3家波兰最大的化学和染料公司。

1940年6月，纳粹先后征服了丹麦、挪威、卢森堡、荷兰、比利时，并在短短6周内发动猛攻，迫使法国就范。第一次世界大战结束后，德国工厂曾被迫为法国提供巨额赔偿，法本的高层管理人员一直对此耿耿于怀。此外，法国的化工厂向来是德国企业最强大的竞争对手，所以当这些法国公司被迅速雅利安化之后，法本通过成立新的控股公司，控制了法国最重要的化工厂。

随着德国在战场上节节胜利，法本公司的野心越来越大。集团董事早已制定了瓜分别国化工企业的计划，其中不仅包括已经被德国占领的国家，还包括纳粹准备攻打的国家，例如中立国瑞士以及当时仍是德国盟友的意大利和苏联，甚至还有英国和美国。截至此时，纳粹在战争中约有85%的军事物资由法本公司提供，这一比例着实令人咋舌。

法国的沦陷标志着德国军事胜利的巅峰。虽然纳粹也毫不留情地对英国发动了闪电空袭，但英国人宁死不屈。与此同时，希特勒不顾高级将领的忠告准备入侵苏联，在东方开辟第二战线。纳粹统帅部清楚，为期一年的战争已经消耗了大量燃料和军火，就连用于制造车胎和军靴等必需品的橡胶也出现了短缺。而两线作战势必雪上加霜，进一步刺激德国对资源的需求。于是，希特勒要求法本保证将合成橡胶和合成油的产量翻一番，并修建两座新的大型工厂。法本公司为此派出了两支队伍，以物色合适的厂址。其中一支前往挪威南部，另一支去往波兰西部。这两个地区均处于德国的严密控制之下，不会遭到盟军打击，因此相对安全。

39 岁的奥托·安布罗斯是一名化学家，而且被公认为法本的合成橡胶专家。在他的监督下，法本公司曾在德国东部的施科保建立了法本第一个大规模橡胶厂。安布罗斯在造访波兰返回法兰克福总部后，声称自己已经找到了理想厂址以修建纳粹所需要的两座工厂。这个厂址就在波兰的西里西亚，三条河流在它附近交汇。生产合成橡胶和合成油的核心技术均涉及高压化学，因此需要丰富的水资源。此外，该地区拥有 3 条铁路，距离公路 20 英里半径范围内还有数座大型矿区。安布罗斯认为，这个地点的第三个优势在于，旁边一座废弃装甲部队的补给库已经被纳粹改造成了集中营。这就意味着，集中营里的囚徒可以成为法本公司廉价而稳定的劳动力来源。

与安布罗斯共事的其他主管很快认可了他的方案。随后，第三帝国批准法本在这一地区修建工厂。法本公司决定按照附近波兰小村庄的名字，将公司新建的分部命名为 I.G. 奥斯维辛。

THE PHARMACIST OF AUSCHWITZ

|第3章|

I.G. 奥斯维辛

法本为I.G. 奥斯维辛制定了宏大的计划。这里不仅会成为该公司最大的分部，而且将首次建立一座巨型氢化厂，以前所未有的规模生产合成橡胶和燃料。法本公司认为，I.G. 奥斯维辛一定能够获得巨额利润，于是自信地拒绝了德国政府的财政支援。法本一旦接受第三帝国的资金，纳粹就会自动成为它的合作伙伴，而公司董事们希望自行承担风险，以便独揽所有收益。

为了实现这一野心勃勃的计划，法本划拨了10亿帝国马克（约为2015年的500亿美元）。新的工厂将占地数平方英里，所需电力供应超过柏林。党卫军头子海因里希·希姆莱认为，I.G. 奥斯维辛的成功至关重要，因此委派自己的心腹、高级总队长卡尔·沃尔夫充当法本公司和党卫军之间的联络人。

1941 年 3 月 20 日，沃尔夫在柏林会见了法本化学家兼董事、党卫军中校海因里希·布特费施。两人希望商讨出一个计划，使法本公司能够充分利用奥斯维辛附近的集中营。由于大量熟练工被纳粹派往前线作战，法本缺乏有经验的劳动力，因此该公司计划除了雇用德国人以外，还会使用荷兰、比利时、法国和波兰的劳动力。但是法本将大幅削减那些外国工人的薪资，并含蓄地称他们为"免费雇工"。希姆莱下令，集中营督查员提供的囚徒不得少于 12 000 名。布特费施清楚，奥斯维辛之类的集中营既然以盈利为目的，希姆莱一定会向法本收取囚徒使用费。

经过半天激烈的谈判，法本同意每天为每名技术熟练的囚徒支付 4 帝国马克（约为当时的 1.6 美元，2015 年的 200 美元），为不熟练的囚徒支付 3 帝国马克，仅为童工支付 1.5 帝国马克（60 美分）。党卫军同意为所有囚徒提供伙食，并且在奥斯维辛营房与大约 4 英里外的建筑工地之间往返运送囚徒。党卫军最后从中获利逾 500 万美元。这笔交易敲定数周后，法本的几名董事带领希姆莱私下参观了 I.G. 奥斯维辛的施工现场。希姆莱当场被深深地震撼了，答应持续为法本提供劳工。奥托·安布罗斯在备忘录中写道："事实证明，我们在与党卫军刚刚建立的友谊中获利不少。"

法本公司清楚，这项巨大的工程势必在技术上遭遇重大挑战，再加上战事吃紧，他们很难获得所需的一切原材料，因此从一开始，施工过程就困难重重，工程进度很快落后于原计划。此外，I.G. 奥斯维辛还遇到了一个令人意外的问题：法本公司没有料到，党卫军残酷折磨囚徒，致使这支劳动力大军遭受重创。

该公司的内部记录列举了党卫军对囚徒的残忍虐待：他们“在施工场地遭到狠命鞭笞”，有时候会被拳打脚踢，甚至被棍棒活活打死。一名董事写道：“那些身体虚弱、难以更加卖力干活的囚徒总是会遭此待遇（殴打）。”这种做法不仅使那些体弱多病者无法工作，而且从整体上“对其他免费工人乃至德国雇员都产生了不良影响”。更有甚者，这些囚徒每天要长途跋涉从奥斯维辛抵达工地。在开始劳作之前，他们已经在路上耗尽了大部分体力。他们穿着单薄的囚衣和不合脚的木屐，不得不在夏天承受酷热，冬天忍受严寒。工厂的经理沮丧地发现，最初搬运 50 公斤重的水泥袋只需要 3 名囚徒，但是由于这些人长期营养不良，这项工作很快就需要 4 个人完成，最后竟然要由 5 个人来干。法本的管理人员开始在内部抱怨，党卫军根本不明白，怎样才能让这桩“免费生意”兴隆起来。

但是纳粹深陷官僚主义，他们要求凡是在当天清晨 4 点点名后离开主集中营的劳工，必须在次日凌晨 1 点返回原地。因此，每天的工作结束后，这里都会出现一幅荒诞的景象：囚徒们要拖着在劳作中丧生的同伴尸首，返回囚区集合，而纳粹则把这些尸体算作完成了一天“点名签到”的囚徒。纳粹的卡车会每周数次将成堆的尸体送往焚化场。这种做法看似怪异却有利可图。党卫军会设法从每一具尸体上榨取钱财，例如从补牙材料中搜集黄金，用人体毛发填充床垫，或者为 U 型潜艇的水手和德国空军的飞行员编织保暖袜。如果任凭法本的工厂处置死去的劳工，党卫军将丧失榨干尸体价值的最后机会。

法本高层对纳粹虐待囚徒的做法怨声载道，但并非出于人道原因。他们的不满在于，一项工作本来只需要 1 名营养良好的德国工人，但是现在却需要 3 名囚徒完成，因此公司内部就如何赶上延误的工期展开了激烈争论。法本的高层人员担心，如果合成橡胶和燃料工厂不能完全满足希特勒军队的需求，党卫军会将责任归咎于法本。这些战时工程在纳粹看来不可或缺，因此没有人胆敢在此事上触怒希特勒和希姆莱。随着东线的鏖战已经持续一年之久，法本董事会于 1942 年 7 月批准了一项非同寻常的计划，这标志了法本在道德上的彻底沦丧。该计划认为，解决 I.G. 奥斯维辛劳动力问题的最好办法是建立自己的劳动营。为此，法本公司不惜斥资 2 000 万美元，在施工现场附近、奥斯维辛集中营原址东部兴建新的集中营。帝国劳工部长恩斯特 ·“弗里茨”· 绍克尔批准了法本的提议，认为这是“以尽可能低的开支，最大限度地利用囚徒的价值”。

新的集中营被命名为莫诺维茨 - 布纳工厂。莫诺维茨是一座波兰村庄的名字，为了建立集中营，这座村庄被夷为平地。布纳在德语里的意思是合成橡胶。在获得源源不断的强制劳工后，法本和其他几家德国公司后来在方圆 30 英里的范围内一共建立了 45 座分营，包括采煤厂、冶金厂、化工厂、轻工厂，甚至食品加工厂，使奥斯维辛囚徒的足迹横跨波兰乡野。

莫诺维茨在外人看来简直就是奥斯维辛的翻版，四周遍布铁丝电网、瞭望哨，以及荷枪实弹的卫兵和巡逻犬。到了夜里，探照灯会将集中营照得雪亮，以防劳工逃跑。莫诺维茨还建立了绞刑架和可怕的单人牢房。一批有过前科的囚犯被任命为工头，对强制劳工进行残酷虐待。此外，这里还有一座妓院（女区），强迫女性囚徒为德国工人充当性奴。法本公司甚至复制了奥斯维辛入口处嘲讽犹太人的铁牌，上面写着“Arbeit Macht Frei”，意思是“劳动带来自由”（这句德语来自但丁的《神曲 · 地狱篇》）。

除了耗资千万建立集中营以外，法本公司还同意承担劳工的所有食宿费用，党卫军只需要负责安全问题。为了增加盈利，法本想方设法削减开支。原本只能容纳一个人的木床，平均被强行塞进三名劳工。床上只铺着一层薄薄的稻草，很容易引发感染和疾病。营房里的犹太强制劳工同样人满为患，数量是同等条件下入住这座房子的自由德国工人的 5 倍。此外，法本还肆意开展试验，以确定如何为囚徒提供最少量的食物，同时保证他们能够继续工作而不至饿死。莫诺维茨的主食是一道寡淡的清汤，这种清汤被囚徒们戏称为“布纳”，因为清汤入口后的味道仿佛橡胶一样。由于每天摄入的热量平均不超过 1 200 卡①，这些强制劳工的体重每周约下降 9 磅②，最后他们全都骨瘦如柴。

法本公司的备忘录显示，公司高层认为那些在繁重劳动中死亡的囚徒完全可以被取而代之，因为下一列火车还会运来新的俘虏。二战后，担任美国首席战争罪检察官的本杰明 · 费伦茨指出 :“在犹太集中营里，工人们的地位还不如奴隶。因为奴隶主在意自己的人力财产，并且希望维护这些财产，而纳粹只是打算将犹太人榨干后烧成灰烬。”

法本面临的另一个问题是党卫军直接将大部分囚徒送入了毒气室。管理人员抱怨说，有一次火车运来了 5 022 名犹太人，其中 4 092 人被立即处死。接到法本的正式抗议后，党卫军罕见地做出让步，同意将部分列车停在 I.G. 奥斯维辛附近，让法本挑选合适的工人。终于，第一列火车在莫诺维茨附近停下，4 087 名俘虏中，有一半人没有立刻被送入毒气室，而是被挑选成为强制劳工。但法本公司的经理们仍然失望地表示，火车上的“犹太妇女、儿童和老人太多了”。

尽管此处的运转和生产障碍重重，但法本高层仍然认为，莫诺维茨可以成为未来类似工程的样板。1943 年 7 月 27 日，法本公司的董事长

① 1 卡 =4.1868 焦。——译者注
② 1 磅 =0.454 千克。——译者注

卡尔·克劳希致信希姆莱称，党卫军在磋商建立新合成橡胶厂时表示“将像在奥斯维辛那样……一如既往地对我们予以赞助和支持”，这一点让他“颇感欣慰”。

总之，约有 30 万强制劳工到过 I.G. 奥斯维辛，其中包括埃利·威塞尔[①]和普利莫·莱维[②]。两人都曾充当童工，后来生还成为知名作家，向世人描述他们在集中营里的经历。莱维写道，法本工厂是一个“庞然大物，其间充斥着钢铁、水泥、泥浆和烟雾，（它）与美丽一词格格不入……工厂内寸草不生，土壤里浸满了煤炭和石油的毒液，唯一活动着的就是机器和奴隶，而前者比后者更有生气”。

约有 25 000 人在莫诺维茨集中营被活活累死。他们在这里的平均生存时间只有 3 个月。随着战争接近尾声，法本公司在 I.G. 奥斯维辛野心勃勃的试验遭遇了战略失败。尽管法本投入了巨额资金，并且制造了惊人的死伤，这座工厂也仅仅生产了少量合成燃料，没有制造出任何人造橡胶。希特勒对此万分沮丧。但在实施“最终解决方案”的过程中，奥斯维辛却扮演了残忍的角色，成为大屠杀不可磨灭的罪证。

①美籍犹太作家和政治活动家，1986 年度诺贝尔和平奖得主，1928 年生于罗马尼亚，2016 年去世。著有《夜》《黎明》《白日》等作品。——译者注

②意大利犹太裔作家，奥斯维辛 174517 号囚犯，1919 年出生，2015 年去世。著有《如果这是一个人》《元素周期表》等蜚声国际的作品，讲述奥斯维辛犹太人的苦难经历。——译者注

THE PHARMACIST OF AUSCHWITZ

| 第 4 章 |

卡佩休斯一帆风顺的前半生

从许多方面来看，维克多·恩斯特·卡佩休斯都不像是一个会来到奥斯维辛的人物。因为他不是土生土长的德国人或奥地利人，而只有他们才能在集中营担任官员、医生和士兵。1907 年 7 月 2 日，卡佩休斯出生于罗伊斯马特，父母都是虔诚的德国路德宗教徒。这座位于特兰西瓦尼亚的小镇因毗邻弗拉德·德古拉大公的中世纪出生地而闻名于世。卡佩休斯的父亲是一名医生，在公共卫生部门任职。小时候，卡佩休斯只不过是一个普通的孩子。他生性安静，成绩平平，就读于锡比乌当地的一所路德宗教会学校。锡比乌是一座具有典型德国风格的罗马尼亚城市，因此德意志人大都将其称作赫曼施塔特。卡佩休斯那一届的毕业生共 32 名，他排名居中。1930 年 6 月 30 日，卡佩休斯从斐迪南一世国王大学毕业，获得了一般药理学的本科学位。这座大学位于克卢日 - 纳波卡，也就是德意志人所说的克劳森堡。他的第一份工作是在伯父的药店担任助手。那家药店名叫皇家药店，位于锡吉什瓦拉附近。卡佩休斯的母亲告诉他，将来他也许会继承伯父的生意。

1931 年，仅在药店工作了 5 个月后，卡佩休斯被罗马尼亚军方征召入伍。他之后获得中尉军衔，然后被分配到布加勒斯特，担任药剂师助理。但是没过多久，他就设法请长假到维也纳大学化学系深造。与此同时，希特勒开始在邻国德国崛起。作为当地的少数族裔，这名年轻的德意志裔学生不可能对希特勒一无所知。在维也纳，卡佩休斯遇到了未来的新娘——24 岁的弗里德莉克 · 鲍尔，并亲切地称她为弗莉琪。当时，弗莉琪也是药理研究所的一名学生，正在攻读博士学位。两人的导师都是理查德 · 瓦西茨基博士。

弗莉琪觉得卡佩休斯十分可爱。两人刚开始约会时，弗莉琪就告诉自己的女友，卡佩休斯非常令她欢欣。她喜欢卡佩休斯的一切。他眼窝深陷，眼睛是深褐色的，一头棕发在他年轻时就变成了灰色。弗莉琪的一些朋友认为卡佩休斯举止笨拙，她却反驳道，卡佩休斯擅长跳舞。弗莉琪和卡佩休斯的父亲都是医生，所以两人更加惺惺相惜。他们的家人都是虔诚的路德宗教徒，只不过弗莉琪的犹太父亲是后来才皈依这个宗派的。1932 年，随着两人相交甚笃，弗莉琪将卡佩休斯介绍给了父母。学期结束后，他们一起到特兰西瓦尼亚度假。

在此期间，卡佩休斯撰写了一篇关于藜草的博士论文，并于 1933 年 11 月 30 日获得了维也纳大学的药剂学博士学位。藜草是一种草药，可以用于治疗寄生虫病。在返回锡吉什瓦拉后不久，他开始在伯父的药店担任经理。由于生意兴隆，他获得了大约 2 万帝国马克的年薪（当时约为 8 000 美元，而同一时期美国人的平均年收入为 1 601 美元）。

同年，希特勒出任德国总理。在罗马尼亚，身为少数族裔的德意志人对此惊奇不已，但卡佩休斯对德国的剧变毫无兴趣。他虽然加入了当地的民族主义联谊会，但不是出于政治上的热忱，而是为了寻找机会，增加生意往来。闲暇时他会避开时事，与朋友一起休闲放松。到了周日，他经常与米尔德姐妹在姹紫嫣红的花园里野餐。这对姐妹娇俏可爱，而且与他年纪相仿。他尤其喜欢传统食品，比如瓤柿子椒和香草奶油蛋糕。他对自己擅长跳舞一事一直引以为傲，特别是他的强项华尔兹。在春夏两季，每逢周末，卡佩休斯和好友罗兰·阿尔伯特经常与其他十几个人一起，到锡比乌郊外的小溪中游泳，因为当地人都喜欢到那里避暑。到了秋天，他们会到哈尔吉塔山徒步旅行。途中，卡佩休斯总是会谈起他在维也纳结识的漂亮德国女学生——弗里德莉克。不过，如果他想要借此引起镇上那些女孩的嫉妒，这一招并没有奏效。她们喜欢在他背后窃窃私语，说他的毛发又粗又厚，甚至还有人说“他一定有吉卜赛血统”。他的嗓门儿很大，但是嗓音难听，当他一时兴起唱起歌来，她们只好假意夸赞。

虽然药店的工作安逸舒适，但卡佩休斯却提不起兴致，于是他开始另谋高就。1934 年 2 月，他终于找到了一份肥差，在拜耳的罗马尼亚控股公司，即隆米吉法股份公司，担任全国销售代表，而拜耳是 I.G. 法本下属最知名的医药公司。此前一个月，他和弗莉琪结婚了，两人忙于组建家庭，于是到了当年年底，弗莉琪便怀孕了。两人都认为，与其继续待在伯父的药店，不如前往法本发展，因为后者的晋升机会更多。

20 世纪 30 年代，卡佩休斯进入的这家德国制药企业在全球首屈一指。事实上，现代制药业几乎都拜德国所赐。100年前，即1827年，现代制药业起源于德国达姆施塔特的一个家族企业——天使药业。其创始人的玄孙海因里希·伊曼纽尔·默克分离出了纯生物碱，而这种纯生物碱是许多药物的基础化学成分，包括可待因和可卡因。与此同时，恩斯特·克里斯蒂安·弗里德里希·先灵在柏林成立了先灵医药股份公司，一家生产化学制品和几种医药化合物的小企业。数年后，弗里德里希·拜耳在伍珀塔尔建立工厂，用煤焦油制造染料。这项技术成本低廉，在不到十年的时间里，他就取得了专利权，并将其投入批量生产。随后拜耳发现，他所制造的染料具有防腐功能，因此又开始将这些产品作为药物出售。

在制药业诞生之初，几乎所有突破都要归功于德国科学家。22岁的药剂师弗里德里希·瑟图纳从罂粟中提炼出了活性成分，并且以希腊梦神摩耳甫斯的名字为其命名，也就是后来的吗啡。1898年，他的一位学生在为拜耳工作时，为吗啡分子加入了两个乙酰基，形成了海洛因（来自德语heroisch，意即“英雄”）。次年，同一位化学家又分离出了水杨酸。经过激烈的内部讨论，拜耳公司在注册商标时将这种新药定名为阿司匹林。

在医药发明上，法本/拜耳始终处于全世界前沿，其地位无可比拟，卡佩休斯对此颇感自豪。事实证明，他是一名勤奋忠诚的员工。在向特兰西瓦尼亚的医务室、药店和诊所推销公司产品时，他十分受人欢迎。他甚至还向纺织厂出售法本的染料和化学制品。

然而，第二次世界大战打断了他的日常生活乃至大好前途。在中欧地区，与他同时代的大部分人都受到了战争影响。1939年，纳粹入侵波兰时，罗马尼亚保持中立。次年，即1940年11月，法西斯铁腕人物扬·维克多·安东内斯库元帅成功发动政变，罗马尼亚转而与第三帝国结盟。1941 年 6 月，希特勒入侵苏联后，大批罗马尼亚军队被调往前线干苦差。

但卡佩休斯侥幸得脱。他接到军方命令返回岗位，被分配到切尔纳沃德一家医院的药房。这座城镇位于罗马尼亚东部，距离黑海不远。尽管这次服役时间很短，但最令他感到难过的是，他不得不抛下 3 个女儿——6 岁的梅丽塔、4 岁的英格丽德和 1 岁的克丽斯塔。1942 年 1 月，他晋升为上尉，随后得到批准离开医院，继续以平民身份到法本 / 拜耳工作，但个中原因军方的记录没有说明。由于经常需要出差，他一度多次往返于克劳森堡和锡吉什瓦拉，最后在布加勒斯特市购置了一套住宅。房子位于上流社会的聚居区，在布列佐亚诺街一栋公寓的 6 层。随后，卡佩休斯举家搬往布加勒斯特。他收入颇丰，于是将闲钱进行投资，又在马科维奇博士街买进了一幢现代公寓。在这座城市里，卡佩休斯不仅是各大商务俱乐部的常客，还是社交舞台上的熟面孔。

虽然前线的战火尚未烧到罗马尼亚，但是战争蔓延的迹象随处可见，尤其是在大型铁路枢纽站，数以万计的德国和轴心国士兵经过这里，奔赴苏联作战。但卡佩休斯发现了异样，那些满载士兵向东驶去的火车在返回时空空如也。一旦被派往东线，任何人都有去无回。

罗马尼亚是卡佩休斯成长和工作的地方，如今他的家乡也陷入了国家社会主义的狂热之中。该国领导人和官僚机构不仅欣然接受了法西斯主义，而且深受希特勒恶意反犹学说的蛊惑。在掌权之前，希特勒就曾指责国际犹太集团在第一次世界大战后奴役了战败的德国人。他指出，只有清除犹太人，德国才能复兴。这种诿过于人的说法极具煽动性，在罗马尼亚等卫星国取得了显著效果，因为这些国家希望模仿希特勒及其铁腕统治方式，来提升本国在欧洲的地位。在罗马尼亚，许多基督教徒认为犹太人不仅是杀死耶稣基督的凶手，而且对他们的经济影响过大，因此那些基督徒很容易接受希特勒的欺世诡言。

卡佩休斯所在的特兰西瓦尼亚是欧洲最古老的犹太聚居地之一，其历史可以追溯到公元 87 年。

该地区经历了一次又一次反犹浪潮。11 世纪，当局不允许犹太教徒和基督教徒通婚。15 至 16 世纪期间，犹太人被禁止居住在大城市。18 世纪下半叶，哈布斯堡王朝不仅对犹太人征收苛捐杂税，而且还强迫他们到贫民区聚居。关于犹太人杀害基督教婴儿用于祭祀的流言四处弥漫，招来了政府发起的大屠杀以及大规模的民间暴力行径。19 世纪，俄国人征服了特兰西瓦尼亚。这些斯拉夫入侵者同样敌视犹太人，将其视作异族。

1789 年法国革命后，自由的政治社会思想开始向东传播，欧洲大部分地区均从中受益。但是在对待犹太人的态度上，特兰西瓦尼亚并没有与时俱进。1866 年，新的宪法宣布，只有基督教徒才具有公民身份，犹太人不得享有这个国家的公民权，其财产权也被进一步剥夺。1940 年，马歇尔·安东内斯库开始实施类似于希特勒“雅利安化”的“天主教化”政策。犹太人的财产被全部没收，然后分配给罗马尼亚人，以实现该政权赶走所有犹太人的目标。

卡佩休斯的一些师长和好友狂热地支持这轮新的反犹运动。他曾经“尊敬备至”的一位科学老师积极拥护纳粹学说，认为日耳曼人应当得到保护，免遭其他“劣等民族”伤害。1940 年，安东内斯库掌权后，卡佩休斯的朋友罗兰·阿尔伯特加入了一个新法西斯民兵组织，开始鹦鹉学舌般地对本国的犹太人甚至吉卜赛人和亚美尼亚人进行恶毒诽谤。“城市里的傻瓜、农村的笨蛋以及形形色色的弱者玷污了我们的血统，但可悲的是，这些人在我们中间占据了很高的比例，”阿尔伯特说。

在新罗马尼亚，有时候朋友之间会在看似无伤大雅的事情上产生分歧。阿尔伯特记得，有一次他和卡佩休斯来到后者家中的阁楼上，里面有一部留声机。“你这里有没有什么古典音乐，”阿尔伯特问，“比如舒伯特或者贝多芬？”

“没有，我更喜欢查尔斯顿或者施特劳斯创作的圆舞曲，”卡佩休斯回答。

“真是俗不可耐，”阿尔伯特严肃地说道。后来，他告诉一名记者，这些曲子“显示了我们和犹太人之间的本质区别……所有爵士乐，也就是美国黑人乐曲，正在荼毒全世界……这些是黑鬼的音乐。”

没有证据表明，年轻的卡佩休斯在为法本 / 拜耳奔波于全国各地时，是否接受了上述师友的偏见。类似卡佩休斯这样的德意志人都成长、生活、受教以及工作于反犹的文化和历史背景中。考虑到这一点，如果他们只是产生诋毁犹太人的想法，我们就已经应该庆幸了。后来卡佩休斯声称：“我从未仇视过犹太人。”

无论卡佩休斯的真实看法如何，他明智地将生意放在首位。卡佩休斯加入法本之初，他的两名主管都是犹太人，但是按照纽伦堡种族法，这两人被迫于 1939 年离开了公司。在为法本 / 拜耳工作之时，卡佩休斯服务过的许多医生、药剂师、临床医师和工厂主都是犹太人。没有人反映过，他表现出任何反犹迹象。

事实上，在卡佩休斯的客户名单中，犹太主顾无疑为他带来了丰厚的利润。即便卡佩休斯对犹太人心存芥蒂，为了一门心思赚钱，他也早已将那些疑虑抛在脑后。有一次，犹太纺织厂经理约瑟夫·格吕克直接向法本的法兰克福总部投诉，称他所订购的染料发货延误。卡佩休斯闻讯立即登门造访，他不仅解决了这个问题，而且亲自监督账目，以确保格吕克感到满意，并且愿意继续双方的生意往来。犹太药剂批发商阿尔伯特·埃伦费尔德是卡佩休斯最大的客户之一，所以卡佩休斯多次想方设法，在短时间内为对方补货。此外，拜耳公司一旦推出新药，他会专门通知两名犹太医师吉塞拉·博姆和莫里提乌斯·伯纳。

在他的祖国，虽然反犹运动愈演愈烈，但由于工作的关系，他并没有加入其中。然而，1943 年春，这种情况发生了改变。随着盟国的轰炸机终于打到罗马尼亚，纳粹加快了征召德意志士兵（即所谓的德国侨民）的速度。卡佩休斯在法本 / 拜耳充当推销员的工作中断了，这段插曲持续了 18 个月。

1943 年 8 月 1 日，当卡佩休斯被征召入伍时，他并没有感到特别意外。几个月前，苏联人在二战以来最血腥的斯大林格勒战役中扭转乾坤。他和许多同龄人都清楚，用不了多久，苏军就会攻入罗马尼亚和其他东欧国家。卡尔·海因茨·舒勒里是卡佩休斯的同学，曾经和他一起在罗马尼亚军队中服役。舒勒里记得，他们当中的大部分人都对加入德军感到不满，只有少数人意见相反，卡佩休斯就是其中之一。由于对罗马尼亚军队评价不高，他反而认为能够直接为德国服役“更加光荣”。

弗莉琪却闷闷不乐。就像许多妻子一样，只有丈夫远离前线留在后方，她才会感到宽慰。但是随着卡佩休斯被征入德军，她担心丈夫有可能被送上战场，到时候，她也许会成为又一个战争寡妇，独自抚养 8 岁、6 岁和 3 岁的 3 个女儿。出于上述顾虑，她带着孩子从布加勒斯特搬回了锡吉什瓦拉，和卡佩休斯的堂兄弟住在一起。

卡佩休斯担心的不是自己是否会被送上战场，而是如何证明自己的雅利安血统可以追溯到 18 世纪。因为只有这样，他才有资格参加为期 6

周的训练，成为一名武装党卫军（党卫军的作战部队）。但是纳粹把宗教与血统联系起来，所以按他们的标准弗莉琪算是半个犹太人，于是卡佩休斯要了个心眼，没有提到弗莉琪。

“由于党卫军的裁缝店遭到轰炸，”卡佩休斯后来回忆说，“大约 6 周以后，我们的制服才在警方的裁缝店里完工。这 6 个星期的平民生活过得非常愉快，我们不是到剧院，就是到卡巴莱歌厅。我们住在中央酒店，那里还有一个独立花园。”

训练结束后，他被授予中队长（上尉）军衔，并且得到了党卫军的永久标记，即靠近左侧腋下的一个小型黑色刺青。这一刺青标识的是他的血型。制服发放完毕后，卡佩休斯说，这些新兵“被分散到四处”。他和另外 12 名来自罗马尼亚的德意志裔士兵被调往华沙的党卫军中央医疗站。他从那里先后被派到柏林和慕尼黑郊外的两座集中营——萨克森豪森和达豪，在党卫军的配药房任短期药剂师。这两座集中营本来用于关押政治犯，但是随着战局的不断深入，里面犹太人的数量越来越多。虽然集中营的条件极为恶劣，但都不是灭绝营。因为法本公司负责所有集中营的药房，而卡佩休斯曾在拜耳工作，所以自然成了药剂师的最佳人选。

卡佩休斯清楚，像他这样来自南斯拉夫、保加利亚和其他中东欧国家的德意志人被希姆莱和纳粹高层视作“二等公民”。“面对来自帝国的德意志人，即真正的德国人，我们总是感到低人一等，”他的朋友罗兰 · 阿尔伯特写道。但是当时卡佩休斯并不知道，这样的偏见意味着党卫军的高层想要将那些不受欢迎的苦差分配给他们这些境外德裔，因此他们把其中的大批人派往集中营。

在达豪，有一名医生对卡佩休斯颇有好感，他就是恩诺 · 洛林上校。此人曾对吗啡上瘾，7 年前开始在集中营行医。在刚认识卡佩休斯时，他是医疗服务和营地卫生部门的负责人。也就是说，他管理着所有集中营的党卫军医师。

洛林沉迷于让人毛骨悚然的嗜好。他曾经下令在集中营搜集数百张带有文身的人皮。凡是文身值得收集的囚犯，有人会向他们的心脏注射苯酚，然后小心地剥下他们的皮肤，晒干后用包裹寄给洛林，上面写着“战争物资——紧急”。他将其中一些样本转交给了柏林的威廉皇帝研究院。在“种族卫生”和刚刚兴起的优生学教育方面，该研究院是第三帝国的翘楚。但是他将最好的样本制成钱包和烟盒等令人不寒而栗的礼物，送给了自己的同僚。洛林甚至命令德国集中营布痕瓦尔德的党卫军医师就如何缩小头颅开展研究，这是他的另一个恐怖癖好。这些医师搜索了大量相关书籍，包括有关南太平洋食人族和中美洲印第安人的资料。后来，他们终于找到一篇文章，并且取得了突破。这篇文章记述了那些割取敌人首级作为战利品的土著缩小头颅的方法。在布痕瓦尔德集中营，大约 30 名囚犯因此惨遭不测，被人砍掉了脑袋。最后，只有 3 个头颅被成功缩减到苹果大小（其中一个被营地指挥官当成了镇纸）。

1943 年 11 月，洛林通知卡佩休斯，他将被调往奥斯维辛。卡佩休斯知道，在德国建立的数百座集中营里，奥斯维辛的规模最宏大。在达豪和萨克森豪森集中营任职期间，他早就听说过，在克拉科夫以西大约 30 英里的地方，有几座著名的营地，它们被称作“奥斯维辛”。奥斯维辛始建于 1940 年 4 月，一开始只是一座偏僻的劳改营，由波兰小镇奥斯维辛（波兰语 Oswiecim，德语 Auschwitz）边缘废弃的军营改造而成。一年以后，这里关押了 10 000 名囚犯，几乎囊括了波兰所有的政治异见者。于是，I.G. 法本决定在奥斯维辛以东仅 4 英里处建立莫诺维茨集中营。由于党卫军愿意为法本提供劳动力，所以该公司下令扩建原来的营地，其中在押囚犯的人数也增长了 3 倍多，多达 35 000 人。

但这座集中营之所以名声远扬，源于随后发生的两起独立事件。1941 年 9 月，纳粹对苏联的入侵取得了早期胜利。在短短数月内，德军便擒获了近 150 万名苏军战俘，因此需要有地方安置这些人。党卫军头子海因里希·希姆莱为此下令，在一英里开外的布热津卡村再建造一座被德国人称为比克瑙的大型集中营。这座营地位于铁路干线的另一侧，计划关押 20 万名战俘，其中的大部分人将为法本、克虏伯和西门子等德国公司工作。这些企业因此纷纷要求建立附属劳动营，为其提供强制劳工。但是纳粹试图将比克瑙建成大型战俘营的计划中途夭折。1942 年 1 月，纳粹正式决定实施“最终解决方案”，以杀光欧洲的所有犹太人，因此开始在波兰的其他地方兴建灭绝营，包括特雷布林卡、马伊达内克、切尔姆诺和索比堡。但这些集中营不足以迅速杀光纳粹所攻陷国家的数百万犹太人，所以比克瑙被改造成一座劳动营兼死亡营，并且建立了先进的毒气室。

卡佩休斯清楚，与其他集中营不同的是，奥斯维辛已经演变成了一座兼具惩罚、劳动和屠杀功能的营地。此外，党卫军的医师和德国的制药公司相互勾结，从这里挑选了大批人体小白鼠，用于开展令人发指的医学实验，以测试实验室内制成的药品。当卡佩休斯接到奥斯维辛的调令时，他被党卫军指定派往的地方其实是最初的营地。这座营地现在主要负责行政管理，被称作奥斯维辛 1 号；比克瑙被称作奥斯维辛 2 号；莫诺维茨被称作奥斯维辛 3 号。

据洛林回忆，奥斯维辛的药剂师阿道夫·克罗默急需一名合格的助手。克罗默早在 1933 年就加入了党卫军，因此他的军中编号的数值较小，这使他获得了相当高的声望。虽然克罗默背景良好，但是如果没有其他人的帮助，他显然无法完成所有任务。此外，他还患有抑郁症，而这一点洛林并没有告诉卡佩休斯。

卡佩休斯不愿前往这个被党卫军医生海因茨·蒂洛称作“世界肛门”的地方，所以试图绕开洛林，向自己在达豪的朋友、另一名医生赫尔曼·约瑟夫·贝克尔上尉求情。贝克尔是党卫军航空医学部的主管，负责在集中营的囚徒身上开展残忍的高海拔 / 低气压实验，据说是为了改进德国空军的飞行装备。此外，贝克尔还是一名德高望重的纳粹党员，在柏林颇有影响力。卡佩休斯表示，他希望留在达豪。“我喜欢达豪”，他说，主要是因为这座营地“管理完善”。但是贝克尔表示自己对此无能为力。

当年 12 月，当奥斯维辛首次被暴风雪覆盖时，卡佩休斯来到了这里。达豪和萨克森豪森已经让这名罗马尼亚的药剂师瞠目结舌，但是对卡佩休斯来说，更加严峻的考验还在后面。

THE PHARMACIST OF AUSCHWITZ

| 第 5 章 |

奥斯维辛集中营的医学同行们

卡佩休斯的主管是 34 岁的党卫军上尉爱德华·维尔特医生，此人管理着奥斯维辛的 20 名医师。当时，这些医师的任务包括维护营地党卫军士兵的健康、维持强制劳工们的生命以及开展医学实验。卡佩休斯从达豪的同事那里得知，维尔特与他接触过的其他主管医生完全不同。维尔特是一名狂热的纳粹分子，曾经参加过东线的战役。1942 年，轻微的心脏病使他退下前线，休养身体。他于疗养期间在汉堡市外的诺因加默集中营担任首席精神病专家。3 个月后，他被派往奥斯维辛，成为那里的主任医师。

卡佩休斯早就听说，维尔特沉迷于集体绝育和宫颈癌的研究。但是当时他并不知道，在研究的过程中，维尔特批准下属在数百名女性囚犯身上开展实验，用放射疗法摧毁她们的卵巢，或者通过简陋的手术将它们摘除，导致这些女囚的死亡率高达 80%。维尔特的弟弟赫尔穆特是汉堡著名的妇科医生。1943 年，他也来到奥斯维辛，准备和哥哥一起进行实验，但是眼前的景象令他十分反感。在和哥哥激烈争吵之后，赫尔穆特离开了这里。

维尔特还热衷于根除斑疹伤寒。事实证明，这种疾病很难控制，被感染的不只是党卫军的卫兵和工头，还有成千上万饿到半死的囚徒。为此，维尔特采取了强制措施，清除营房里和囚犯身上的虱子和其他害虫。因为在卫生条件恶劣的集中营，这些害虫极易传播疾病。尽管他竭尽全力，使许多囚犯免于感染斑疹伤寒而丧命，但是他们最终还是很可能会死在毒气室里。对于这一点，他显然不以为意。

卡佩休斯知道，维尔特是出了名的行为古怪者。他喜欢驾驶一辆插着红十字会旗帜的汽车招摇过市，借此嘲讽只能偶尔询问集中营状况的国际救援组织。尽管没有接受过专业训练，维尔特却凭借他在诺因加默担任过两个月精神病医师的经验，免费为奥斯维辛的党卫军士兵提供婚姻和压力咨询。

在卡佩休斯来到奥斯维辛的 6 个月前，维尔特做出了一项革新，永远改变了奥斯维辛的历史以及后世对这些营地医生的看法。在 1943 年初之前，当新来的囚犯下了火车以后，他们的生死由奥斯维辛指挥官、战后被定罪的杀人犯——鲁道夫·霍斯指派的党卫军军官决定。这些军官会不假思索地将那些在他们看来不适合从事劳动的人们——包括老人、儿童和孕妇排到左边，然后送入毒气室杀害（在被送往奥斯维辛的 150 万人中，最终有 110 万人被立即处死）。此外，在集中营里，许多劳工由于营养不良、感染疾病、遭到毒打和处决而迅速丧生，因此集中营中的人员经常需要加以补充。

那些在下车后逃过一劫的人们前臂会被刺青，以便党卫军对他们进行辨认和记录（奥斯维辛是唯一一座采取这种措施的集中营）。除了被派往莫诺维茨务工以外，这些强制劳工还会充当木匠、电工、理发匠和厨师。有时候，在卫兵荷枪实弹的监督下，他们会来到营地以外开采石料、挖掘隧道、铲除道路积雪或者清理空袭后的残骸。妇女们大都被派去分拣新来囚犯的个人物品。在这些成吨的行李中，凡是有价值的东西都会被收集起来运回德国。有些妇女被迫沦为性奴，医务人员则往往免于一死。他们作为党卫军医生、药剂师和牙医的助手，被派遣开展令人毛骨悚然的实验。囚犯中的牙医被勒令从尸体上拔除金牙。那些身强力壮的人们会被挑选出来，加入特遣队，从事一项可怕的任务——从毒气室里拖运尸体。

维尔特希望由他负责在终点站挑选新来的囚犯。在他看来，应当由医生来决定这些人的生死。维尔特力称，只有让医生亲自挑选人体实验对象，奥斯维辛才能为纳粹科学的发展提供史无前例的机会。当年春天，约瑟夫·门格勒来到这里后，维尔特的这一观点得到了加强。门格勒时年 32 岁，是一名受勋的东线老兵。他也是奥特马尔·弗赖赫尔·冯·费许尔医生的门徒，而后者是欧洲最知名的遗传学家，在纳粹的伪种族科学研究领域身处前沿地位。早在著名的法兰克福大学第三帝国遗传、生物和种族纯洁性研究院就读时，门格勒就是费许尔手下最得意的助理研究员。

纳粹新兴的科学理念认为，他们有可能对人种进行选择、设计和改良，从而“净化”人类。与冯·费许尔共事的经历让门格勒站在了这门学科的风口浪尖上。在研究过程中，冯·费许尔将大部分精力放在了双胞胎身上。当时，他掌管着柏林最知名的威廉皇帝学会人类学、人类遗传和优生学研究所。正是在冯·费许尔的影响下，门格勒才被派遣到奥斯维辛，而费许尔也亲自为那里的某些医学实验筹集了资金。集中营囚犯中的一名医生埃拉·林根斯曾在门格勒手下工作。她后来指出："在奥特马尔·冯·费许尔的指挥下，以种族为基础的科学和研究最终产生了毁灭性后果，而这些研究在纳粹看来可以不受任何限制。"

门格勒来到奥斯维辛后，立即投入了这项研究。为此他需要大量双胞胎。但是他告诉维尔特，当成千上万疲倦、肮脏、毫无组织的囚徒抵达这里后，要想让没有接受过专门训练的普通党卫军士兵从中找到双胞胎谈何容易。维尔特早就认为，囚犯的选择权应当交给医生，这一点至关重要。门格勒这番话无疑道出了维尔特为何也想让集中营医生负责筛选囚犯的深层原因。

营地的所有医生，包括维尔特在内，奉命不分昼夜地对囚犯进行挑选。每辆列车由 2 名医师负责。但不是所有人都喜欢这项新的任务。一些医生经常醉醺醺的，比如汉斯·柯尼希和维尔纳·罗德。卡佩休斯后来也观察到，虐待狂弗里茨·克莱因医生"在大多数时候都烂醉如泥"。汉斯·蒙奇因为拒绝接受这项任务而遭到降职，被派往法本公司的莫诺维茨营地，负责血样检测。在奥斯维辛数月的任职期间，约翰·保罗·克雷默医生一直坚持记日记。他写道，这座集中营令"但丁笔下的地狱相形见绌。""为了能够参与挑选，人们甚至你争我夺，(因为）他们可以得到更多口粮——1/5 升伏特加、5 根香烟、100 克香肠和面包，"克雷默继续写道。

大多数医生不需要额外刺激。对一些人来说，这只不过是职责所在，还有一些人则喜欢这项“特殊行动”。没有人比门格勒更乐此不疲，他甚至主动要求多轮几班。在火车的终点站，他是数以千计囚犯抵达终点后第一个见到的纳粹分子。这名衣冠楚楚的党卫军军官挥舞着锃亮的短马鞭，指挥囚犯分左右两侧行进，偶尔还会吹起口哨，哼几句歌剧咏叹调。对集中营的许多幸存者来说，这幅画面成了他们不可磨灭的记忆。最终，约有 5 000 名双胞胎进入了 F 营 14 区，其中大多数都是儿童。这里被囚犯们称为“门格勒的动物园”。他在此开展了部分二战期间最阴森恐怖的实验。就像其他医生一样,门格勒的“实验小白鼠”几乎源源不断。他希望自己能够解开孪生儿的秘密，以便使每一位雅利安母亲都能产下双胞胎。这样一来，德国将士阵亡之后，德军就能更加迅速地补充兵源。此外，他还痴迷于改造“劣等种族”，即设法使吉卜赛人和犹太人看起来更像雅利安人。对于任何能够激起他好奇心的医学理论，他都沉迷不已，无论这一理论基础有多薄弱，其过程有多残忍和致命。

有一次，一个名叫薇拉·克里格尔的囚犯被带进门格勒的一间实验室。她看到一面墙上遍布人眼，“它们就像蝴蝶一样被钉在那里，”她后来回忆说道，“我以为自己死了，并且已经到了地狱。”门格勒将这些眼球寄给了导师冯·费许尔，帮助教授手下的一名柏林研究员完成论文，他想要确定眼睛的颜色是否能够作为生物学上一个有用的种族标记。

在抵达集中营的第一天，卡佩休斯并不清楚，他在战前的雇主法本 / 拜耳是这座营地许多医学实验的出资者。他也不知道，由于奥斯维辛率先使用了齐克隆 B，法本获利不少。这种氰化物杀虫剂可以在毒气室里产生致命效果。早在奥斯维辛建立几十年前，法本公司就买下了齐克隆 B 专利的控股权。这种杀虫剂一开始就由拜耳公司负责销售和配送。最初齐克隆 B 被用于消毒囚犯的营房和衣物，但在卡佩休斯来到奥斯维辛的大约 18 个月前，党卫军的高层和帝国各部部长在柏林郊外的万湖召开会议，决定赋予齐克隆 B 更加重要和致命的使命。他们就如何相互配合以实施“犹太人问题的最终解决方案”制定了计划。此时，纳粹已经放弃了驱逐和重新安置欧洲犹太人的所有打算。党卫军头子希姆莱将集中营指挥官召回柏林，告诉他元首已经下令要彻底消灭犹太人。万湖会议召开后不久，希特勒就欧洲犹太人的命运发表了臭名昭著的演说。这位元首疯狂地承诺：“犹太人至少要被肃清一千年！”

当时，纳粹的流动行刑队（特别行动队）已经杀害了 100 多万犹太人，主要地点是在波兰、乌克兰和苏联。1941 年 9 月，在华沙西北的切姆诺集中营，纳粹将一氧化碳注入经过专门改造的货车内，以毒死犹太人。在波兰其他一些早期建成的死亡营中，例如特雷布林卡、贝尔泽克和索比堡，纳粹也主要依靠一氧化碳杀人，他们的一般做法是通过柴油发动机将其送入密封的室内。然而，集体屠杀的技术在奥斯维辛得到了改良。经过反复试验，霍斯及其手下决定使用齐克隆 B。这种蓝灰色的颗粒制剂成本低廉，在接触空气后会释放致命的毒气。1942 年 3 月，也就是在希特勒保证要清除欧洲犹太人仅一个月后，第一座功能完善的毒气室在奥斯维辛投入使用。

齐克隆 B 化学式的专利属于一家名叫“德格施”的德国害虫防治公司，但法本拥有该公司 42.5% 的股权，并控制着它的执行董事会。在战争期间，德格施的董事长是法本的一名主管。该公司还对齐克隆 B 里添加的一种眼刺激剂拥有独立专利。这种添加剂可以起到警示作用，否则齐克隆 B 就是一种无色的毒气。

在购进齐克隆 B 时，党卫军技术消毒部的负责人库尔特 · 格施泰因坚持要求德格施去除其中所有起到警示作用的刺激剂。德格施公司的经理表示反对，担心竞争对手会进行仿制。但格施泰因向前者透露了可怕的信息——他们的产品将被用作理想的杀人毒气。他告诉德格施公司，为了避免即将被毒死的囚犯在最后一刻得到提醒，从而引发恐慌，他们必须去掉其中的刺激剂。在得知党卫军准备利用这种杀虫剂开展屠杀，夺走数百万人的性命后，德格施的经理不仅没有因为恐惧而退缩，反而同意了格施泰因的请求，并将齐克隆 B 的产量提高到了史无前例的水平（大约在党卫军首次大批订购齐克隆 B 的同时，由于用一氧化碳毒死 800 名犹太人的混乱场景在脑海中挥之不去，格施泰因找到一名德国主教忏悔。他在悔罪的过程中透露了纳粹在东欧开展大屠杀的细节。这是党卫军高级军官首次承认"最终解决方案"的存在。格施泰因的告解被通过密封的外交邮袋送往梵蒂冈，而天主教在战争期间对其忏悔内容始终秘而不宣）。

从 1942 年起，由于党卫军大量订购齐克隆 B，德格施公司大发横财。仅奥斯维辛就订购了 23 吨这种杀虫剂，这一数字不能不令人瞠目。1943 年，齐克隆 B 的盈利在德格施的总收入中所占比例竟高达 70%。

在来到奥斯维辛的第一天，卡佩休斯并不了解齐克隆 B 的真正作用。维尔特只是带他草草参观了一下营地。药房的阿道夫·克罗默医生详细地向卡佩休斯描述了他的职责。在二战剩余的日子里，这座药房被卡佩休斯当成了自己的家。

没过多久，卡佩休斯就意识到，这位新任上司的问题不仅仅是轻度抑郁。事实上，克罗默的精神即将崩溃。在奥斯维辛，虽然维尔特和门格勒等医生飞黄腾达，但也有人难以忍受这里永无休止的残暴行径，克罗默显然便是其中之一。囚犯当中的一名药剂师扬·西科尔斯基向卡佩休斯透露，克罗默曾经告诉自己："这场战争是打不赢的。"卡佩休斯不敢相信，克罗默竟然会如此愚蠢，向一名囚犯说出这种鲁莽之言，于是当面向他对质。"没错，是我说的，"克罗默坦承。

卡佩休斯很快发现，克罗默与许多在药房工作的囚犯说话的时候都漫不经心。"你一定会被吓破胆的。这里就是所多玛和蛾摩拉[①]，"克罗默警告卡佩休斯，"比起这里，连冥界的地狱也会相形见绌。"

克罗默在卡佩休斯来到奥斯维辛尚不足两个月时遭到逮捕，经过简单的诉讼后被以"散播失败主义言论"罪名处死。战争结束后，卡佩休斯淡然地描述了这起惊人事件："因为奥斯维辛党卫军药房的药剂师克罗默医生身体有恙，我被洛林大队长选调到那里……在奥斯维辛，我的上司是卫戍区医师维尔特医生。克罗默医生在党卫军的药房接待了我。然后，他住进了护理室，并于 1944 年 2 月 18 日死亡。我奉命接替他的职位。"（2010 年，有人在翻修奥斯维辛附近的一所私人住宅时，发现了原始营地档案的藏匿地点，其中包括克罗默的死亡证明。党卫军不得已处死了自己的一名高级军官，但是他们不希望对此事大肆宣扬，因此将克罗默的死因编造为无关痛痒的"突发心脏病"。）

卡佩休斯对自己被提升为主任药剂师颇感自豪。二战后，他声称自己在营地目睹的"可怕事情……令人压抑甚至作呕。你会觉得自己随时都可能吐出来。但只是一开始如此，后来你就习惯了"。然而他从未在同事面前表现出任何犹豫或者不安。事实上，卡佩休斯没有像前任那样思来想去，摆脱不了良心上的罪恶感，这一点令他的同事们钦佩不已。在纳粹最大规模的死亡营工作期间，他决定利用自己的职位大展身手。

---

①《圣经》中因为罪恶深重而被上帝毁灭的两座古城。——译者注

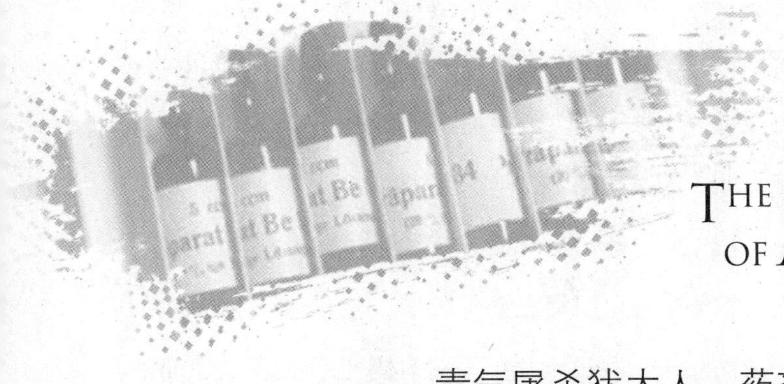

THE PHARMACIST OF AUSCHWITZ

|第6章|

毒气屠杀犹太人，药剂师也有一份

卡佩休斯的宿舍位于军官餐厅旁的木制营房内。与他同处一座营房的还有约瑟夫·门格勒和弗里茨·克莱因，他很快便与两人交上了朋友。他的工作地点是奥斯维辛原址第9区的药房，该区是自发形成的党卫军医院和诊所区系统的一部分。1940年，奥斯维辛建立了第一座医院。随后，医疗队为囚犯增加了病房，开始向党卫军提供咨询和门诊服务，还增设了牙医室和配药房。这座医院被囚犯们戏称为“火葬场的候客室”，最初只有一个较大的单间。等卡佩休斯到来时，医院已经扩建，占据了四栋砖石建筑，其中一栋专门用于开展医学实验。

“党卫军的药房建在奥斯维辛主营区外的一栋砖石建筑内，”卡佩休斯在战后回忆道，“这栋建筑只有一楼、二楼和顶层阁楼。药房就在底层，其中一间用于分拣火车运到比克瑙的药品和设备。有时候，火车还会运来一些医疗器械。这些东西仅供囚犯使用。这项任务本来是我的职责，但实际工作由波兰囚犯中的药剂师（扬·）西科尔斯基承担。”西科尔斯基在 1941 年 6 月就来到了奥斯维辛，是一名老囚犯。

卡佩休斯的办公室位于一楼，虽然看起来十分宽敞，但陈设极其简单，里面只有 3 张光秃秃的金属桌和几把椅子，后墙上还靠着几个文件柜和储存箱。药房的簿记员和他共用一室。囚犯中的药剂师助理在隔壁办公。后面还有一个房间，归卫戍区医师和营地的牙医所有。二楼有一间小病室，里面共有 6 张床，专门接待党卫军的病号。顶层是一间三角阁楼，用于存放药品和从囚犯身上掠走的个人物品。

“作为一名 Apotheker（药剂师），”卡佩休斯回忆道，“我的职责是从柏林的中央医疗站，也就是武装党卫军的中心站订购党卫军和囚犯所需的医疗用品。此外，我还需要为奥斯维辛的主营以及包括比克瑙和莫诺维茨在内的所有附属营订购医药。”

卡佩休斯将买来的药品存放在地下室。那里还储存着 1 000 罐 DDT 杀虫剂，这些杀虫剂是红十字会捐赠的，用于祛除虱子。地下室设有独立的淋浴房和储物柜，还有一间理发室，但是只有党卫军的医疗队员才能使用。

“在党卫军的药房里，我手下共有大约 12 名囚犯，”卡佩休斯回忆说，“除了簿记员以外，其他囚犯都是不同类型的药剂师。”

卡佩休斯的助理西科尔斯基负责监督同狱的药剂师。“我相当于一个高级囚犯，即囚犯的监工，”西科尔斯基后来说道，“我的指挥权比 Kapo（囚犯头）小得多，但有时候他们也会管我叫 Kapo。”

这间办公室里的囚犯来自欧洲各地，因此德国作家贝恩德·瑙曼写道："这些形形色色的人物被命运集结在一起，来到了奥斯维辛的死亡舞台上。"

"除了我以外，还有一个来自西里西亚的德国犹太人在那里工作，此人名叫施特劳赫，"西科尔斯基回忆说，"战争爆发前，他曾经与药剂师克罗默是同窗好友。有一个年长的簿记员叫贝利纳。还有两名妇女来自匈牙利，我不知道她们姓什么，只知道她们分别叫皮罗什卡和伊娃。此外，有一名身材健壮、相貌英俊的年轻药剂师来自特兰西瓦尼亚，名叫格罗希，也是犹太人。还有一个希腊人叫艾伦。另一个匈牙利人又高又胖，名叫阿尔特曼，我猜他的职业是酒商。有两名药剂师来自波兰，分别是普罗科普和克拉科夫的戈斯科夫斯基。还有两名药剂师是谢夫切克和斯维德斯基。最后有一名矮个子年轻助理叫苏里科夫斯基，他是我弟弟的同学，所以我会认识他。"

"人们除了说波兰语、俄语、匈牙利语、德语和意第绪语以外，还会使用囚犯专用的语言，也就是奥斯维辛的混合语[①]……当我们使用这种语言时，上司卡佩休斯医生就会假装听不见。"卡佩休斯身高 5 英尺 10 英寸[②]，体重 200 磅。除了称他作"上司"以外，囚犯们在背后都管他叫"Mopsel"（哈巴狗脸或者胖墩儿）。

在纳粹的官僚体制中，西科尔斯基的顶头上司并不是卡佩休斯，而是隔壁办公室的几个党卫军军官药剂师。这三人分别是库尔特·茹拉塞克中士、格哈德·戈伯中尉和波列斯拉夫·弗莱马克。

奥斯维辛规模庞大、布局混乱，卡佩休斯所在的药房要为所有营地提供服务。莫诺维茨虽然单独建有药房，但是每个月都会从卡佩休斯那

① lagerszpracha，由德语、波兰语、意第绪语等语言混合而成。——译者注
② 1 英寸 =2.54 厘米。——译者注

里订购药物和补给。如果他一时缺货，克拉科夫市约塞芬斯卡街的一家专家药房就会临时救急。

卡佩休斯的第一要务是确保党卫军有足够的药品。但奥斯维辛是一个怪诞的地方，那些在终点站躲过一劫的囚徒不是被派去做工，就是在医学实验中充当小白鼠，所以只要党卫军还想要他们活着，营地的医生就得对他们进行治疗。然而，由于战争期间药物紧缺，留给囚犯的药品寥寥无几。囚犯当中的一名德国护士路德维希·沃尔控告卡佩休斯故意不给患病的囚犯分配任何药品，因此“他有愧于成千上万得不到医治而枉死的冤魂”。

无论卡佩休斯拒绝为囚犯发放药物的做法是有意虐待，还是将党卫军的利益置于首位，不可否认的是，许多没有在毒气室中被立即处死的囚犯最终死于本应能够治好的疾病。那些能够延续他们生命的药物始终无法离开卡佩休斯的药房。

在成为营地的总药剂师后，卡佩休斯决定对药房的所有存货进行清点，理由是“药房在交给我管理前欠缺条理”。从中可以看出，一些必备药物在奥斯维辛集中营严重匮乏。

“在此之前，‘加拿大’的药品和器械总是被盗，”西科尔斯基说。他所说的“加拿大”是指比克瑙的大型仓库。因为新来的犹太人的所有个人物品都存放在那里，而波兰的囚犯们认为加拿大是一个遥远而富庶的地方，所以他们就为比克瑙的仓库取了这个诨名。“药房分到的东西总是最差的，因此卡佩休斯找到指挥官的办公室，并且得到了后者的正式批准，由他亲自去搜集手提箱。”

每周几次，卡佩休斯的司机都会载着他和两名囚犯助理，来到比克瑙火车站的斜坡。对于当时的所见所闻，卡佩休斯后来写道：“灭绝营的各项设施运转顺利，运输部署和过程经过了周密计划。如果有火车即将到来，营地指挥官会通过电报或无线电通信提前得到消息。接着，他们会向拘留营的负责人、政治部、党卫军卫戍区医生、卡车司机队、卫兵队和工作调配处下达进一步命令。”

当卡佩休斯来到车站后，数以千计囚犯已被带离火车。这次旅程中每人允许携带 50 公斤行李，其中大多数都是贵重物品，它们被捆扎在布袋里。所有个人物品被堆在铁路边一片巨大的空地上。卡佩休斯的任务是寻找医生、牙医或药剂师的医疗器械和药物，尤其是碘酒和用于处理伤口的磺胺粉，因为这两种药品十分短缺。通常情况下，党卫军的一名秘密警察会在卡佩休斯的指挥下进行搜查。由于这些物品属于刚刚到来的囚犯，而其中大部分人会被立即毒死，所以卡佩休斯没有造册登记。

有时候，卡佩休斯会说，他找到的药品足以“开一家药店了”，他会把所有的东西都带回药房。“在那里，我们会对刚刚到来的犹太医生和药剂师的行李进行预先分类和存储。凡是容器上面写有代号或者标签难以辨认的，我会把其中的药物统统倒进锌制的瓮中。如果药物装在本来的瓶子里，或者药效过于强大，再或者我对药效拿不准的话，我会把它们放在地下室一个白色的大木箱里，并且在箱子上加两把锁。”

卡佩休斯从新来的囚犯那里拿走并藏到药房的不只有药物，还有被一些党卫军医生用于杀害囚犯的酚酸。西科尔斯基后来回忆说，卡佩休斯签署了所有申购单，因此该为所有从柏林购进的注射用苯酚负全责。据囚犯中的护士路德维希·沃尔估计，约有 20 000 名囚犯因心脏被注射苯酚致死。这样一来，医生就可以从尸体上获取完好无损的脏器标本。其中大部分注射都由卫生员约瑟夫·克莱尔中士完成。（战争结束后，克莱尔声称，这是他“听到过的最严重的诽谤”，他“无疑只是奉命行事”，而且只用苯酚杀死过 250 至 300 名囚犯。）

然而，在奥斯维辛的药房，还有一种更为致命的东西处于卡佩休斯的控制之下。有一天，一个箱子从柏林运抵这里。西科尔斯基打开后发现，里面装满了圆形开罐器，上面带有尖锐铁叉。他很快得知，这种工具是专为开启齐克隆 B 的密封罐设计的，以免其中的有毒颗粒喷溅出来。

就在开罐器运来后不久，一队党卫军军官突然来到药房，还带来了一批来自柏林的密封棕色纸箱，其中装有数十罐容量为 500 克的齐克隆 B。此时，卡佩休斯已经对这种毒剂在奥斯维辛的用处一清二楚。他告诉西科尔斯基说，他“不想与这件事扯上任何干系”。卡佩休斯之所以心存疑虑，倒不是因为他反对使用这种毒剂，而是不想为这种致命的货物承担责任。他需要应付集中营的所有用药需求，仅是这一件事就已经让他忙得不可开交，所以他宁愿将这些纸箱交给营地的主管部门，但这显然不可能。相反，这几十只装有毒剂的纸箱被锁在地堡几个黄色的柜子里，而地堡就在药房的正对面，之前是奥斯维辛的焚化厂。据卡佩休斯回忆，地堡里还存放着其他一些物品，包括“汽油、赛林（煤酚皂溶液）、苯酚和氯化钙，柳条瓶里有可能还装着其他液体”。

地堡的钥匙归卡佩休斯掌管，与药房所有房间的钥匙一起被锁在他的一个办公桌的抽屉里。如果党卫军有人想要进入某个房间，按照规定，他们必须签字后才能从卡佩休斯手里拿到钥匙。

虽然卡佩休斯后来否认自己与齐克隆 B 存在任何关系，但数位证人将他和这种毒剂联系在了一起。1940 年初来到奥斯维辛的一个药剂师费杰基尔・弗拉迪斯拉夫医生称：“营地的药剂师掌管着这些毒气。”路德维希・沃尔护士也证实，卡佩休斯负责齐克隆 B 的“保管、分配和使用”。药剂师谢夫切克也看见，药房地下室里存放着一些齐克隆 B 的罐子。他从党卫军军官库尔特·茹拉塞克和塔德乌什·多布然斯基那里得知，他们奉卡佩休斯之命取走这些毒气罐，送往毒气室。

对卡佩休斯更加不利的是，他最信任的助理之一、犹太囚犯中的药剂师弗里茨·彼得·施特劳赫回忆道，卡佩休斯存放的齐克隆 B 既不含有警示作用的刺激剂，也没有粘贴任何标签。这是德格施公司专门为屠杀囚犯而批量制造的毒剂。

卡佩休斯不仅仅掌握着存放毒气的房间的钥匙，还有人证实他亲手将这种致命的毒剂送往毒气室，因此他在屠杀过程中发挥了更为直接的作用。有一次，波兰政治犯兹德兹斯洛·米克拉斯基看见，卡佩休斯和党卫军的牙医弗兰克和萨茨将几箱齐克隆 B 装进一辆救护车，然后拿上自己的防毒面具，前往比克瑙的毒气室。

米克拉斯基的说法得到了另外两名证人的证实，其中一人正是卡佩休斯儿时的朋友罗兰·阿尔伯特，这不能不说是造化弄人。阿尔伯特在调往奥斯维辛后被任命为党卫军中尉，负责指挥一支卫队。有一次，他亲眼看到一辆带有红十字会标志的卡车停在毒气室旁。

“卡佩休斯医生和党卫军军士长约瑟夫·克莱尔从车上下来，”阿尔伯特回忆道，“克莱尔手上拿着 4 个绿色的锡罐。两人穿过草地，来到毒气室旁，然后爬上屋顶，戴上防毒面具。接着，克莱尔打开小天窗，但是要等卡佩休斯下令后他才能这样做，因为只有党卫军的医生才能下达屠杀命令。克莱尔扯断锡罐上的封条，抖出里面粗糙的颗粒，只见一团紫罗兰色的易碎物体落入天窗。这就是齐克隆 B。”

还有一次，被分配到特遣队的多夫·佩斯考维克也看见，卡佩休斯乘坐一辆红十字会的卡车来到焚化场。当他走到毒气室旁后，党卫军下

士卡尔 - 弗里茨 · 斯坦伯格晃动着手里的防毒面具问：

“罐子呢？齐克隆在哪？”

“我只带来了一罐，”卡佩休斯说。

斯坦伯格立即冲他吼了起来，要他赶紧再去拿一罐。

“人们都在毒气室里，还没有被毒死，”佩斯考维克回忆道。

如果不能及时将这些犹太人毒死，当天精心安排的屠杀计划就会被打乱。卡佩休斯命令司机立即返回药房，再取一罐齐克隆过来。当第二个锡罐到达后，斯坦伯格等候卡佩休斯下令释放里面的毒剂。

每一座焚化场内都建有毒气室。在 1 号、2 号焚化场，齐克隆会被倒入通向密封房间的管道，而在 3 号、4 号焚化场，党卫军需要爬上梯子，将毒剂倒入窄小的天窗。战争结束后，有人问佩斯考维克：“你在焚化场见过卡佩休斯多少次？”。他不假思索地回答：“许多次。”

虽然卡佩休斯否认自己参与过释放毒气或焚化尸体的事情，但在战后的记录中，他无动于衷地对两者做出了详尽的描述：

> 从技术设计上看，焚化场每天能够焚烧 4 756 具尸体，但这只是理论上的推算，其中包含了维修和打扫火炉的时间。事实上，2 号、3 号焚化场每天会烧掉近 5 000 具尸体，4 号、5 号焚化场每天则烧掉近 3 000 具尸体。地堡旁柴堆的处理能力更是强大到难以估算。1944 年夏，在匈牙利的犹太人遭到驱逐时，党卫军再次接管了在 2 号地堡实施的行动。在此期间，每天有近 24 000 人被杀掉后焚烧。死者的骨灰被埋在田地里当做肥料，或者用于填充沼泽，抑或被直接丢进附近的河流和池塘里。多数情况下，它们被倒进了流经此地的索拉河。

威廉·普罗科普在战后描述道，有一次他无意间听到上司可能在谈论杀害犹太人时减少毒气用量的事。一天，卡佩休斯在党卫军中士约瑟夫·克莱尔和库尔特·茹拉塞克的陪同下，走进了储藏齐克隆 B 的地堡。在奥斯维辛，有一个部门被美其名曰“消毒指挥部”，克莱尔正是该部门的党卫军负责人。当时门半开着，普罗科普冒着巨大的风险站在门外。卡佩休斯嘱咐克莱尔做好接收“大批（齐克隆 B）罐子”的准备。他说，当天将有一场“大规模行动”，所以这些罐子必不可少。齐克隆 B 的存货始终受到严密监控，以免集中营不敷使用。由于每罐毒气价值 5 德国马克（约相当于 2 美元），为了减少开支并延长现有存货的使用期限，党卫军开始进行实验，在屠杀犹太人时减少释放的毒气。最初，杀死 2 000 名囚犯需要 20 罐毒气，而现在党卫军将其削减为 15 罐。尽管这种做法将使一些人在极度痛苦中多煎熬 20 分钟才会死去，但是党卫军对此不以为然。

一天，卡佩休斯偶然遇见了为门格勒医生工作的罗马尼亚囚犯米克洛斯·尼斯利医生。他这才从后者那里得知，纳粹已经意识到齐克隆的用量被过度削减。“毒气突击队队长克莱尔闯入尼斯利的房间，”卡佩休斯后来回忆说，“他情绪激动地说，在毒气室内的死尸堆下，一个十来岁的女孩仍然活着，还在不停地蠕动。”尼斯利提起医疗箱，直奔毒气室而去。他看到，墙边的尸体尚未被全部抬走，其中躺着一个奄奄一息的女孩。这个女孩虽然一丝不挂，但是看起来异常美丽，仿佛天使一般。

尼斯利还记得，在接下来的几分钟里，事情发生了戏剧性的转折。“我们把她从其他尸体下拖了出来，然后抬着这个小女孩纤弱的身躯，来到毒气室旁的房间里，也就是毒气队队员们的更衣室。我把她平放在一张长凳上，拿出注射器，立即为这个气喘吁吁的女孩连续注射了 3 针。有人用自己的厚衣服盖在她冻僵的身体上，也有人跑进厨房，为她拿来了一些热茶和热汤。所有人都伸出了援手，就像是在挽救自己孩子的性命。”

当纳粹士兵发现尼斯利正在对这个女孩进行救治时，他们担心她有可能吐露“自己经历的一切，包括出事地点和她的见闻，到时候这些消息就会立即传遍整座集中营”。党卫军断定，这种做法风险太大。“他们把这个女孩带进前厅，”尼斯利回忆道，“或者更应该说抬进前厅，然后对着她的后脑开了一枪，用一颗子弹结束了她的生命。”

有一名证人记得，随着奥斯维辛气数将尽，齐克隆B的库存越来越少，鲁道夫·霍斯下令不再用毒气杀害儿童，而是“把毒气室中的尸体拖出来，浇上汽油丢进火中，然后再将小孩扔进火里（活活）烧死”。为了焚烧所有尸体，I.G. 法本在莫诺维茨的集中营不得不提高了甲醇的产量。普罗科普回忆称：“直到后来我才听说了这场大规模行动。由于焚尸炉不够用，毒气室内的尸体被丢进深沟或者柴堆进行焚烧。但是由于露天焚烧如此众多的尸体，整个地区都弥漫着一种令人不悦的甜味，因此他们开始设法掩盖这种味道。药剂师茹拉塞克被派去解决这个问题，我怀疑他是得到了卡佩休斯的命令。茹拉塞克知道我也是一名药剂师，便问我萘球（一种杀虫剂）是做什么用的。我向他解释说，这种物质可以用于祛除室内外的异味。”

在执行诸如“祛除异味”的任务时，卡佩休斯一向不露感情。对他来说，这只不过是一个技术难题。正因如此，普罗科普毫不奇怪这位上司在讨论如何更好地消除死尸气味时，始终面不改色。“我认为，囚犯在他眼中形同草芥，而他唯一的目标就是将他们彻底消灭。”

THE PHARMACIST OF AUSCHWITZ

| 第 7 章 |

“魔鬼的化身”

1944 年初的一天，党卫军医师维尔纳·罗德走进卡佩休斯的办公室。他身后是布鲁诺·韦伯医生和 4 名囚犯。这 4 名囚犯刚刚被带离医疗区，个个形容憔悴。罗德告诉卡佩休斯，自己得到了一项任务。德国情报机关发现了一名英国间谍，准备将其绑架，而他的职责就是研究如何在咖啡或茶水中投放药剂，致使这名间谍不省人事。因此罗德需要一些吗啡和伊维巴，后者是一种短效催眠的巴比妥类药物。他清楚这两种药物都可以导致血压迅速下降，从而置人于死地。事实上，奥斯维辛的另一名内科医师赫塔·奥伯豪泽尔会定期在实验室中使用伊维巴注射剂将儿童杀害，再摘除他们的器官或四肢送往柏林的基因检测中心（后来，奥伯豪泽尔被调往拉文斯布吕克集中营。她最擅长的是使用玻璃片、铁钉和螺丝刀对囚犯实施伤害，模拟士兵在战斗中造成的伤口。令人震惊的是，她在战后仅被判处 7 年徒刑，随后继续在德国行医）。

罗德希望，他所使用的药物能够确保这名英国间谍不至于身亡。卡佩休斯为他配发了吗啡和伊维巴。在为 4 名囚犯注射大剂量药剂后，罗德报告称：“他们已在安乐中死亡。”

党卫军在档案中记录，这 4 名囚犯死于“心脏病突发”。得知此事后，卡佩休斯毫不介意。在他看来，自己只不过是一名药剂师，虽然为罗德医生提供了致命的药物，但并没有直接杀死囚犯，所以在执行任务时，他才会显得无动于衷。他清楚，这些药物在奥斯维辛发挥了匪夷所思的用途，而此前作为拜耳公司的一名销售员，这些用途是他根本无法想象的。此时，他已经完全接受了这些党卫军医生朋友们的观点：集中营的医学实验“极为重要，因为在其他任何地方，你都不可能如此毫无顾忌地开展研究”。

卡佩休斯的冷酷无情与他初到奥斯维辛时一些人对他的描述判若云泥。他的好友罗兰·阿尔伯特称，这名药剂师“待人亲切和善……简直就是仁慈的化身”。他的囚犯助理扬·西科尔斯基回忆说：“他在囚犯中名声颇佳，这一点毋庸置疑。”然而，在卡佩休斯抵达奥斯维辛数月后，没有人再称赞他。正如卡佩休斯后来承认的，他“已经逐渐适应了这里”。最终卡佩休斯甚至在理智上做出让步，替自己的所作所为辩护。

决定囚犯生死的筛选是证明他道德沦丧的最显著证据。1944 年春末，维尔特医生将卡佩休斯叫到办公室，告诉后者从此以后需要多承担一项职责，即协助自己在终点站筛选囚犯。由于大批犹太人被赶出匈牙利和特兰西瓦尼亚，奥斯维辛即将进入最繁忙的时期，因此必须提前做好准备，而卡佩休斯持有药理学学位，接受过足够的医学训练，足以胜任挑选囚犯的任务。此外，卡佩休斯的党卫军药剂师助理格哈德·戈伯以及营地的两名牙医弗兰克和萨茨也被维尔特叫去参与行动。维尔特告诉卡佩休斯说，有时候就连那些非医学专业出身的党卫军军官也会过来帮忙。

卡佩休斯在初期就偶尔参与囚犯筛选，其中包括当年 3 月的一次行动。5 007 名犹太人被从捷克斯洛伐克的特莱希恩施塔特聚居区运抵奥斯维辛，他们中间仅有 14 人活了下来，其中犹太人埃里希·库尔卡被派往比克瑙的维修部充当锁匠。他曾亲眼看到多趟火车进出奥斯维辛，并且指认卡佩休斯是参与挑选来自特莱希恩施塔特的犹太囚犯的一个党卫军军官。卡佩休斯之前已经想方设法逃避齐克隆 B 的监管责任，现在也不愿意从事这项新任务，因为这一职责使他在集中营这个屠杀机器中越陷越深。这倒不是因为他道德高尚，而是因为他不愿承担更多责任。但是维尔特显然不会为任何人破例。在执行这一命令数周后，卡佩休斯不再仅仅负责分拣火车站遇难者的个人物品，而是成了门格勒和克莱因等医生的左膀右臂。

当年春天，随着满载匈牙利人和罗马尼亚人的火车一列接一列地抵达，奥斯维辛的站台上演了奇特的一幕。许多新来的囚犯在看到卡佩休斯出现于终点站后，不由大感惊异。这是因为在战争爆发前，卡佩休斯曾经作为法本 / 拜耳的罗马尼亚代理人，与他们有过生意上的往来。因此，当卡佩休斯在战后极力否认自己曾参与筛选囚犯的时候，这些人的证词足以引人注目。

这就是罗马尼亚医生莫里提乌斯·伯纳和吉塞拉·博姆遇到的情形。当时，伯纳带着妻子和三个女儿，而博姆则与自己的女儿艾拉在一起。

艾拉小时候曾经将卡佩休斯称作“药剂师叔叔”。1944 年春的一个周日，来自克劳森堡的犹太药剂师保罗·帕约抵达奥斯维辛后，也遇见了这一场面。“当我走到（队伍）前面时，我看见一个军官将人们分为左右两列……这个军官就是维克多·卡佩休斯医生。1940 年之前我就认识他，那时他还是拜耳的销售总代表，经常拜访我们。他到过我的药店几次，态度总是十分和蔼。当他的司机在排列和展示他销售的公司产品时，卡佩休斯就会和我攀谈。有时候，他会说：‘我给你留些拜耳的包装纸吧，省得你再去花这个钱’，或者其他诸如此类的话。所以我简直不敢相信，那个人就是他。”

卡佩休斯看了帕约一会儿，然后问道：“你不是个药剂师吗？”

“是呀，我是个药剂师，”帕约回答。

“你不是在奥拉迪亚有家药店吗？”

“对。”

卡佩休斯挥手示意帕约走到右边。帕约怎么也没想到，在两人会面的转瞬间，正是卡佩休斯的这一挥手使他免于一死。

一开始，卡佩休斯不愿到火车站挑选囚犯，但他很快便陶醉于行使生杀予夺之权。在奥斯维辛，大部分新来的囚犯通常会被立即处死。然而真正的权力在于不时扮演上帝的角色，在于使某些囚犯暂时免于进入毒气室，让他们在残酷的环境中苟且偷生。

艾德丽安·克劳兹亲眼见证了卡佩休斯在决定囚犯的生死时有多么随意。1944 年 6 月，她和父母还有妹妹一起来到奥斯维辛。她的父母都是医生，早在卡佩休斯于拜耳工作时他们就认识他。

“当母亲看到一个军官在对犯人进行选择的时候，她说道：‘哎呀，那不就是克劳森堡的卡佩休斯医生嘛。’”

“我想卡佩休斯也认出了我母亲，因为他朝她挥了挥手。母亲和妹妹经过他身边，向左走去，而我被分到了右边，得以幸存。后来，我遇见当时和父亲一起接受挑选的一位朋友。他告诉我说，父亲向卡佩休斯打了个招呼，问他自己的妻子和 11 岁的女儿在哪。据说卡佩休斯回答道：‘你的妻子和孩子就在你现在要去的地方，那里可是个好去处。’”

有时候，卡佩休斯似乎只是心血来潮，便毫无来由地将一家人分开。6 月中旬的一天夜里，莎拉 · 内贝尔抵达奥斯维辛后就遇到了这种情况。和她一同到来的还有 5 000 名匈牙利犹太人。战争爆发前夕（1935 年至 1938 年），她在布达佩斯结识了卡佩休斯。“我们住在一栋楼里，”内贝尔后来回忆说，“我住在 1 楼，卡佩休斯医生住在 2 楼。他是拜耳公司的销售代表，我还偶尔与他们夫妇交谈过。”1939 年，在战争即将爆发时，她曾经去过卡佩休斯夫妇那间位于特兰西瓦尼亚的房子中喝咖啡。

“我一眼就认出了卡佩休斯医生，也很高兴看见他。但是当我走到他面前时，他只是问了一句：‘你多大了？’然后将我分到右边。”

卡佩休斯将她的父亲和兄弟姐妹都分到了左侧。内贝尔并不清楚其间的差别意味着什么，但是她不想与家人分开，所以挣扎着想要返回卡佩休斯那里，恳求他将他们分到一起，然而一个党卫军军官拦住了她的去路。

“那不是卡佩休斯医生吗？”内贝尔问这个军官。

他看起来十分诧异。“那是药剂师卡佩休斯医生。你怎么认识他的？”

内贝尔说自己在罗马尼亚时就认识他，但是那个军官仍将她推回囚犯的队伍中。

有时候，卡佩休斯会决定夫妇两人孰生孰死。拉约什 · 施林格是土生土长的克劳森堡人，早在 1939 年就认识卡佩休斯。当时后者曾作为拜耳的销售代表拜访施林格，两人经常在社交活动中相遇。施林格是最后一批被逐出克劳森堡的犹太人之一。“我们 12 个人都是医生，并且带走了犹太社区医院的所有患者，”他回忆道。

当年 6 月，当他们乘坐运畜车厢抵达奥斯维辛后，车厢门被封闭了起来。在随后的几个小时里，其他车厢的人们陆续下车。直到下午 4 点，他们的车厢门才被打开。

“我们被粗暴地赶了出去，”施林格回忆道，“当时的场面可怕极了，因为我们还带着医院的两三百号病患，其中有许多重病患者根本无法起身……病人们在地上或躺或坐，妇女们开始啜泣，孩子们尖叫不已。整个场面乱作一团。”

就在这时，施林格看见了卡佩休斯医生。

“我高兴地跑过去，向他打了个招呼，问他我们这是在哪？”

“在德国中部。”

施林格注意到路上的斯拉夫语标志，所以不相信他的说法。

“接下来我们会怎么样？”

“不会有事的。”卡佩休斯安慰他说。

施林格告诉卡佩休斯，他妻子身体有恙。

“她身体不舒服吗？”卡佩休斯问，“那她得站到这边。”他指了指一群重病患者。施林格的女儿也陪着母亲，走到一群老弱病残中间。

“从此以后，我再也没有见过妻子和 17 岁的女儿。”施林格说。

在 1944 年春来到奥斯维辛的犹太人当中，没有人比约瑟夫 · 格吕克更了解卡佩休斯。6 月 11 日，共有 2 800 名犹太人被运抵这里，其中包括格吕克。格吕克是一名商人，曾向法本在法兰克福的总部投诉称，自己工厂订购的染料被延迟发货。卡佩休斯亲自登门造访解决了这个问题，随后一直与格吕克保持联系，以确保后者对账目感到满意。在过去的两年多，他们始终没有再见过面，直到如今格吕克才在奥斯维辛的站台上看到了卡佩休斯。

格吕克带着妻子、一对两岁的双胞胎、母亲、小姨子及其两个孩子。无独有偶，另外两名和格吕克同一批抵达的犹太人阿尔伯特·埃伦费尔德和威廉·斯库尔也是卡佩休斯的客户。他们在战前与后者建立了密切的业务关系，而且他们与格吕克相交甚笃。

“我们必须排队经过一个党卫军军官的面前，”格吕克回忆道，“此人负责将人们分为左右两列。令人惊异的是，我竟然认出了这个党卫军军官，他就是卡佩休斯医生！当我经过卡佩休斯面前时，我和斯库尔还有埃伦费尔德在一起。我们三人立即认出了车站斜坡上的卡佩休斯。一开始，我们以为这对我们来说是件好事。”

虽然站台上还有其他几个党卫军军官，但格吕克亲眼看到，是“卡佩休斯独自决定哪些人往左，哪些人往右”。

54 岁的斯库尔首先来到卡佩休斯面前。他们可以肯定，从卡佩休斯的表情来看，他一定是认出了他们，但是他不动声色。在斯库尔走到队伍前头之前，卡佩休斯对所有新来的囚犯都一言不发，只是挥手示意他们向左或向右。但是当这三名昔日的客户出现后，他问了几个问题。

“你想要工作吗？”卡佩休斯用德语问斯库尔。

“我干不动了，”斯库尔说，“年纪太大了。”

卡佩休斯用手指向左边。

接下来是埃伦费尔德。

这一次，卡佩休斯用匈牙利语问：“哎呀，你也来了？你想要工作吗？”

“是的，”埃伦费尔德回答。

卡佩休斯让他站到右边。

最后是格吕克。

卡佩休斯用匈牙利语问："你想要工作吗？"

"是的。"

"卡佩休斯没有再说什么，"格吕克后来回忆道，"而是将我分到右侧。"

格吕克和埃伦费尔德来到右侧约由130人组成的队伍当中（在同批抵达的2 800名罗马尼亚人中，最终仅有350人得以幸免）。

在挑选过男性囚犯之后，卡佩休斯开始对女性进行筛选。虽然卡佩休斯将格吕克的妻子和小姨子分到了右边，但格吕克再也没有见过她们，而他的一对双胞胎则被直接送入毒气室处死。

"我不知道我们会去向何方。"格吕克说。

卡佩休斯在站台挑选囚犯时表现得冷酷无情，这一点让扬·西科尔斯基十分诧异，因为这个首席助理曾经表示，这位上司"把我当作真正的人对待"。虽然不少人证实了卡佩休斯在站台上的行为，但西科尔斯基认为，这些证词只不过说明卡佩休斯是一个"杰基尔和海德式的变身怪医"①。西科尔斯基相当于一个Kapo，也就是卡佩休斯亲自挑选出来的囚犯头目。事实上，他是后来唯一说过卡佩休斯好话的药剂师。但除了西科尔斯基以外，在站台得以幸免的其他囚犯都只看到卡佩休斯身上海德的一面。

卡佩休斯将艾德丽安·克劳兹的家人送入毒气室，唯独赦免了她。随后，她和另外数百名妇女一起淋浴。"我们被剃成了光头……当我们赤身裸体站成一队时，卡佩休斯医生从中间走过。我站在施塔克夫人身旁，她年纪较大，过去认识卡佩休斯。她向后者打了个招呼，然后

①变身怪医是英国作家罗伯特·史蒂文森笔下的角色，此人用秘药将自己分为善恶两面，即杰基尔和海德。——译者注

问道：‘医生，我们接下来会怎样？’我记不清楚原话了，但是大意如此。卡佩休斯一把将她推开，她跌倒在滑溜溜的地面上。那是我最后一次见到卡佩休斯医生。”

艾拉·博姆也曾经看见，这名“药剂师叔叔”来过自己的囚区。她试图用稻草掩盖一名孕妇隆起的腹部。“他将我推到一边，用手中的木棍拨开孕妇身上的稻草，此后我再也没有见过这名待产的妇女。”

纺织厂厂主约瑟夫·格吕克“多次”见到卡佩休斯经常和门格勒医生一起“在营地挑选囚犯”。有一次，卡佩休斯、门格勒和另外两个党卫军军官出现在臭名昭著的第 11 囚区。这里关押着许多犹太青少年，他们大都在 16 至 18 岁。

“他们大概预感到即将发生的事情，所以立即分散开来，”格吕克回忆道，“随即营地的负责人放狗将他们聚拢了起来。当天是一个犹太节日。两天后，这些男孩被货车拉走，送入毒气室。在这个过程中，党卫军们一直在哄笑，大概是因为这些孩子们哭喊着要妈妈。”

格吕克 16 岁的侄子也被抓走。在党卫军抓到他之前，他设法划破自己的胳膊，用鲜血在营房的后墙上写道：“安德里亚斯·拉帕波特——卒于 16 岁。”

格吕克还亲眼看到，8 月 6 日，党卫军将 3 000 名妇女、儿童和老人送入毒气室，以肃清“吉卜赛家庭营”。据格吕克回忆，当时挑选囚犯的两个负责人正是门格勒和卡佩休斯。当年秋天，格吕克在女营维修水管时，这两人再次露面，对女囚进行筛选。“85 名妇女被送入毒气室，其中包括我的妻子。”

1944 年 5 月，罗马尼亚犹太人玛莎·萨博一家抵达奥斯维辛。在所有囚犯当中，玛莎对卡佩休斯的描述可能最为详尽。在跟随队伍经过一群党卫军面前时，她无意间听见其中一人在讲匈牙利语。后来她在营地中才得知此人的身份。“我不会轻易忘记卡佩休斯医生的面孔，”她在战后回忆说，“因为他长得不像典型的德国人。”

后来，玛莎被分到C院27区，其中体弱多病的囚犯经常会被挑出去处死。据她回忆称，负责挑选囚犯的两个党卫军军官是门格勒和卡佩休斯，而且“总是他们两个”。随后，她被调去厨房，和其他几名囚犯一起做汤。汤的“味道糟糕透顶……尝起来尽是营地里的味儿”。汤里的主要成分是水，再加上几个西红柿、少许面粉和“一丁点儿人造黄油”。一天，党卫军从一名囚犯身上搜出一些多余的人造黄油，卡佩休斯前来调查此事。他命令所有囚犯到营房外捡起石块，然后手握石块来回跳跃。卡佩休斯把这叫作“运动”，直到囚犯们筋疲力尽地丢掉石头才能停下来。

“我叫卡佩休斯，来自特兰西瓦尼亚，”他对这些囚犯咆哮道，“你们很快就会看到，我就是魔鬼的化身。”

THE PHARMACIST OF AUSCHWITZ

|第8章|

“拜耳的毒药”

由于党卫军医生自视是专业人员当中的精英，所以在他们看来，像卡佩休斯这些人只不过是药剂师而已，地位不应当超过他们。若果真如此，在集中营疯狂的人体实验中，卡佩休斯就不可能承担过多职责。但卡佩休斯的作用也不容低估，因为他具有一项特殊的资格，就是长期在法本／拜耳公司工作的经历。这两家公司在奥斯维辛走向了邪恶的巅峰。奥斯维辛的医生能够开展许多医学实验，离不开法本和拜耳的慷慨资助，而集中营也成了这两家公司最重要的人体实验室。

党卫军少校赫尔穆特·费特尔曾经长期受雇于拜耳，如今专门负责该公司的一个项目，即利用囚犯对安全性未经证实的药物进行测试。法本的一些经理预言，该公司的未来不在化学制剂方面，而在方兴未艾的现代药物领域。“用 I.G.（法本）的制剂在集中营开展的实验只对这家公司有利，”党卫军医生沃尔德玛·霍芬在战后作证说，“为了确定这些制剂的有效性，法本不惜采取一切手段。所以，事实上是法本而非党卫军主动在集中营开展实验。”

虽然这些实验均由法本出资，但是党卫军肯定不会把新来的囚犯白白交给他们。法本需要出钱购买人体实验对象，其价格与党卫军向莫诺维茨输送的强制劳工一样。有一次，拜尔公司需要 150 名妇女，用于测试“一种新型催眠药”，并与奥斯维辛的指挥官讨价还价。党卫军的报价是每名囚犯 200 帝国马克（约 80 美元），拜尔公司抱怨他们要价“过高”，只同意支付 170 帝国马克，而党卫军最终接受了这一价格。

“请为我们提供 150 名妇女，身体要尽可能健康，”拜尔的一名经理在备忘录中写道。这份备忘录可以证实，该公司的确向党卫军购买过囚犯。

随后，拜尔接管了党卫军提供的女性囚犯。“虽然她们身体消瘦，但是她们的状况尚令人满意。我们将及时告知你们有关实验的进展。”

数周后，拜尔的一名经理向党卫军送去一份备忘录。这份备忘录与先前的记录惊人地相似，记载着在集中营囚犯身上开展药剂实验的最终结果。

“实验已开展，人体实验对象全部死亡。我们将很快再次联系你们并重新订货。”

在他们开展的另一轮实验中，3582 号制剂也宣告失败。这种制剂旨在治疗斑疹伤寒，但是尚未经过测试。法本的文件揭示了其中令人不寒而栗的细节。党卫军医生每次带走 50 名人体实验对象，使他们感染斑疹伤寒，然后再用这种试验性的新药对他们进行“治疗”。但这种制剂的副作用很多，轻则导致唇部起泡，重则引起失控的腹泻以及呕吐和疲倦。1943 年，在短短两个月内，这项残忍的实验历经了三个阶段，其中 55% 接受过“治疗”的囚犯不治身亡。这个数值与那些没接受治疗而幸存下来的囚犯比例大致相当。法本只得从头再来，对药物的配方进行修改。与此同时，这项实验的幸存者被送进毒气室处死，以免他们将斑疹伤寒传染给别人。

另一批女囚也在党卫军医生“测试未知荷尔蒙（现称为激素）制剂的实验”中死亡，而引号中的寥寥数语就是法本对这项实验仅有的描述。在 20 区，一间病室的囚犯全部感染了肺结核。拜尔公司为此提供了一种未作标记的血液注射剂，但是这种药剂显然没有奏效。

在一次实验中，费特尔医生向 200 名女囚的肺部注射了链球菌病菌，以测试拜尔公司研制的抗菌药。所有实验对象均患上了肺水肿，并且在痛苦的过程中缓慢死亡。随后，费特尔向德国国防军医学院报告了他在这次失败的药物实验中所获得的发现。

门格勒无疑是集中营里最热衷于开展人体实验的医生。他也使用了法本未经测试的药剂，即 B-1012、B-1034 和 B-3382（B-1034 又名亚甲蓝，是用于治疗斑疹伤寒的试验性药物）。法本公司化学家、齐克隆 B 制造商德格施的董事长威廉·曼在 1943 年写道：“我已经寄出了第一张支票。我们两人一致认为，门格勒医生的实验应当开展下去。”

大多数医生致力于开发试验性药物，以治疗已知或潜在的疾病。但是门格勒与众不同，他试图通过灌肠、皮下或静脉注射以及口服等方式，将许多药物用在那些没有患病的囚犯身上。二战结束后，他的实验记录不翼而飞，所以没有人能够确定他究竟打算用法本的药物做什么。人们关于此事的说法也不一而足。

有些人认为，门格勒能够接触到法本的前沿制剂——沙林和塔崩毒气。这两种无色无嗅的神经药剂都是法本公司在 19 世纪 30 年代开发出来的。相比之下，塔崩更令人畏惧，因为这种液体只要一滴就足以致人于死地。第三帝国的化学战部门也敦促法本，将沙林和塔崩制成易于投放、可批量生产的武器。在斯大林格勒（今伏尔加格勒）战役期间和盟军登陆诺曼底后，希特勒曾郑重考虑使用神经毒剂。但在这两起事件中，法本的顶尖化学战专家奥托・安布罗斯警告称，盟国和苏联也储藏有神经毒剂，因此必然会对德国以牙还牙。尽管他的判断是错误的，但元首还是听信了他的说法，决定不再使用神经毒剂。无论门格勒在奥斯维辛的药物实验意欲何为，不可否认的是，在对法本的药物进行测试时，他的大部分实验对象都不幸罹难。

战争结束后，卡佩休斯公然撒谎，试图为门格勒所做的实验开脱。他称“美国最后得到了所有研究成果，所有……关于双胞胎和遗传学的研究成果……这些成果相当重要，美国人为此向波兰人支付了巨款，因为在其他任何地方，你都不可能像这样毫无顾忌地开展研究。”

在奥斯维辛，有时候卡佩休斯不只是一个啦啦队长式的人物，或者一个为医学实验提供药品的药剂师。党卫军的内部档案显示，在使用人体来试验未经测试的麻醉剂时，他不仅在场，而且直接参与了实验。当盖世太保委任前 I.G. 法本公司精神病学家、奥斯维辛卫生研究所负责人布鲁诺・韦伯研究如何利用药物提高洗脑效果时，韦伯提出让卡佩休斯担任助理。两人合成出了实验化合物，主要成分是吗啡和巴比妥。此外，他们还使用了天然致幻剂麦斯卡林，而达豪集中营也使用这种药物开展了类似实验。

1941 年，佐伊·波兰斯卡从奥德萨被驱赶到奥斯维辛时只有 13 岁。在集中营的 3 年时间里，她对卡佩休斯再熟悉不过。卡佩休斯会当着其他医生的面——有时候只有他自己，命令波兰斯卡脱光衣服，然后用铁棍将她固定在床上进行静脉注射，或者有时给她服用药片。药瓶上除了拜尔公司的标签外没有任何标记。

“他们从来不会请你服药，而是直接把药塞进你的喉咙里，”波兰斯卡回忆说，“我也没有问过，他们究竟让我吃的是什么药。”直到战后，她才发现自己丧失了生育能力，因为她的卵巢不再排卵。据波兰斯卡推测，卡佩休斯在她身上开展的实验是为了给妇女绝育，或者为了研制某种用于早期节育的药物，只不过最终搞砸了而已，因此她将这种药物称作“拜尔的毒药”。

THE PHARMACIST OF AUSCHWITZ

| 第 9 章 |

奥斯维辛，浸泡在尸臭之中

出乎许多人意料的是，虽然奥斯维辛是一个恐怖的地方，但营地里的党卫军仍在想方设法过上正常生活，其中有些人甚至将家人也带到了这里。营地指挥官鲁道夫·霍斯和妻子以及 5 个孩子就住在奥斯维辛的一栋灰泥房里，房屋四周围着白色的尖桩。花园里浅红的树篱枝繁叶茂，灰蓝色的花箱里长满了秋海棠。霍斯在战后回忆称，他的家人在这里过着宁静的生活。“只要是妻子和孩子们说出来的事情，我就会设法满足。孩子们过得无忧无虑，妻子的花园宛如花的天堂……孩子们很喜欢修葺花园的囚犯。我们全家人都热爱农艺，尤其喜欢各种各样的动物。每逢周日，我会带着他们穿过田野，参观马厩，而且一定不会错过附近的狗舍。我们有两匹马和一匹马驹，全家人都非常喜欢它们。孩子们总是在花园里饲养动物，因为囚犯们为他们带来了许多生灵。那里有乌龟、貂、猫咪和蜥蜴，还有许多新奇有趣的东西。到了夏天，他们会到花园的戏水池或者索拉河里游泳，但他们最喜欢的事情还是和爸爸一起沐浴。不过，我陪孩子们嬉戏的时间太少了。"

"我不知道，这些暴行就发生在我身边，"2015年，霍斯的一个女儿英奇波琪特·汉娜·霍斯告诉施特恩。刚来到奥斯维辛时，她年仅6岁。"我没有问起过，那里为什么会有篱笆和瞭望塔。因为当你只有9到10岁的时候，你的脑子里充满的是其他念头。"

奥斯维辛有一座德式幼儿园和小学，还有足球场、杂货店、照相馆以及一支由囚犯组成的交响乐队。许多党卫军都参加了运动俱乐部。他们还举行过盛大的圣诞聚会。营地里还有一座由性奴组成的妓院，被称作"普夫"[①]，其常客主要是党卫军和盖世太保。为了装点门面，维持所谓的"正常秩序"，集中营里也要遵守交通法规，甚至还安装了信号灯。超速和闯红灯者会受到党卫军交通法庭的调查（据党卫军的档案记录，门格勒很早就被开过罚单，而且他对此颇为不满）。

党卫军军官当中不止霍斯的家属住过或者造访过奥斯维辛。像他这样把亲属迁来的人还有许多，如维尔纳·罗德医生就在这里将女儿带大，但他后来被调到阿尔萨斯的另一座营地。赫斯特·费舍尔医生、牙医威利·弗兰克和党卫军中尉恩斯特·舒尔茨等人也把妻子和孩子带到了奥斯维辛。罗兰·阿尔伯特中尉的妻子格特鲁德就住在这里，并且担任小学教师，负责教育其他军官的孩子们。他们还在这里生下了一个儿子。"我们开辟了一片菜园，"阿尔伯特后来回忆道，"养着蜜蜂，

①即 Puff，是德语里对妓院的贬称。——译者注

种着花草，大家可以外出打猎或钓鱼。此外，我们还会在下午喝喝咖啡，参加生日派对，或者与指挥官霍斯一起参加圣诞聚会……孩子们会在聚会上吟诵圣诞诗歌。”（在不值勤时，阿尔伯特会重操战前的旧业，到学校里教授宗教课。）

门格勒没有把妻子伊蕾妮带到奥斯维辛，他认为妻子留在德国南部的小镇弗莱堡更为安全，但伊蕾妮到这里探望过他。1943 年 8 月，伊蕾妮首次来到奥斯维辛。由于斑疹伤寒的感染者激增，这里正在进行隔离检疫，因此她不得不比原计划待得更久。

“这是哪来的臭味？”伊蕾妮问道。

“不要再问我这件事情。”门格勒回答。（囚犯中的医生吉塞拉·博姆描述道，这种“尸体烧焦后的味道无处不在，是一种略带甜味的恶臭。它无影无形、四处弥漫，仿佛每个人的体内都渗透着一具尸体”。）

1944 年 8 月，在酷热难当之际，伊蕾妮第二次造访奥斯维辛，再次住在营地内党卫军的营房里。她在日记中记录，在前 3 个星期里，她除了采摘浆果，还到浴场洗浴。她甚至还到过索拉营，即奥斯维辛以南 18 英里、索拉河岸边的一座党卫军康乐营（2007 年，人们发现了营地副官卡尔·霍克保存的一本影集，这本影集令许多人感到震惊。里面的照片显示，党卫军在索拉营休假时会点燃圣诞蜡烛纵情欢歌，享受日光浴，或者像其他在战时休假的士兵一样尽情享乐）。

这一次，伊蕾妮又闻到了去年那种奇怪的“略带甜味的恶臭”。由于奥斯维辛四周都是带刺的铁丝网和守卫塔，她当然清楚这是一座集中营。她在日记中写道，从党卫军的营房里，她可以“清楚地看到往来的火车”。

9 月 11 日，当伊蕾妮准备离开这里时，她突然患上了白喉。在接下来的 6 周里，她只能在营地的医疗所接受治疗。由于空袭警报时常拉响，她不得不往返于各个诊所之间。在这段时间里，卡佩休斯结识了伊蕾妮，并且向门格勒保证，将首先确保他妻子的用药，以控制她的高烧、缓解她的疼痛。10 月 18 日，伊蕾妮终于出院，随后搬进了党卫军医生营一栋更加现代化的公寓里。正如她在日记中写道，她再次感觉自己就像“一个新娘”。

卡佩休斯决定不把妻子弗莉琪和 3 个女儿带到奥斯维辛。为了设法过上正常生活，每逢周末，他经常到附近的一座田庄消闲。这座田庄属于一对来自罗马尼亚的德意志人夫妇——汉斯和希尔德加德 · 施托费尔。1935 年，卡佩休斯和汉斯 · 施托费尔共同投资了布达佩斯的两栋合建公寓楼，并由此结识了彼此。后来，施托费尔加入了德军。普里泽西绍的这座田庄位于贝斯基德山间，距离奥斯维辛仅有 9 英里。战争爆发前，这里本来属于一户波兰人家，但是后来纳粹出台措施，将波兰人和犹太人的房产分给了从一开始就支持法西斯运动的当地德意志人。柏林方面认为，这种无偿分配土地的做法会鼓励更多德意志裔积极支持第三帝国。施托费尔夫妇还因此认识了强硬派的弗里奇 · 法布里蒂乌斯，后者是纳粹在罗马尼亚最初的分支机构“国家社会主义自助运动”的创始人。法布里蒂乌斯和施托费尔夫妇都得到了大片房产和土地，而且那里很适合狩猎。1943 年 10 月，施托费尔一家迁入新居。没过多久，他们的住处就成了奥斯维辛一些党卫军周末聚会的地点。

弗里茨 · 克莱因医生来自特兰西瓦尼亚，在战前就认识施托费尔夫妇。克莱因强烈反犹，曾经向两人表示：“犹太人不只是我们的敌人，而且是整个人类的敌人。”他是少数主动要求加班加点，在火车站筛选囚犯以及到集中营 11 区“黑墙”执行任务的医生之一，而“黑墙”是行刑队枪决囚犯的地方。此外，他还亲自为奥斯维辛的妓院挑选女囚。这些女囚每晚被迫至少提供 6 次性服务，而党卫军也将所有“种族限制和禁令”抛在脑后。战争结束后，克莱因竟恬不知耻地宣称，这些性奴是“自愿这样做的”。

由于卡佩休斯和克莱因都来自特兰西瓦尼亚，两人很快交上了朋友。在被调到奥斯维辛后不久，卡佩休斯就开始定期造访施托费尔家的山间别墅。有时候他会骑自行车前往，有时也会搭乘火车。每隔一段时间，他还会驾驶自己最喜欢的摩托车 DKW100。威利·萨茨是奥斯维辛的一名牙医，他和朋友、药剂师格哈德·戈伯中尉经常与卡佩休斯一同前往那座别墅。卡佩休斯儿时的好友罗兰·阿尔伯特也是田庄的常客。

“是啊，我们总得歇口气，”阿尔伯特在战后回忆道，“设法休息一下，忘掉这些事情。也许在周日（到施托费尔家的田庄）去打打猎。”只有这样，阿尔伯特说，他们才能躲开“皮肉和毛发烧焦”的味道，因为这种味道着实令人压抑。

在大多数周末，卡佩休斯都会衣冠楚楚地出现在那里。他的衣服都是他从新来囚犯的个人物品当中窃取的。“到了秋天，去贝斯基德山打猎时，我会带上这些衣物，”卡佩休斯后来回忆称，“我还会把它们分给助猎的波兰人以及他们的孩子，他们都很喜欢我。”

这些当地的波兰“助猎者”负责清理草丛，驱赶小型猎物，以便党卫军捕猎。萨茨医生还带着猎犬特雷夫。卡佩休斯热衷于打猎，并且表示特雷夫是“一条出色的猎犬”。一个周末，这些党卫军外出猎兔。牙医在瞄准野兔时误伤了特雷夫，他们手忙脚乱地将大号铅弹从伤口中挖出，但是未能救活这只猎犬。这起事件让他们悲伤了很久。

周六晚上，卡佩休斯一般会留在施托费尔家的客房里过夜。到了周日，会有十几个党卫军来到这里。他们有男有女，总是在宅子里纵情宴饮，然后在当天深夜返回营地。1944 年 6 月 10 日星期六，为了庆贺汉斯·施托费尔的生日，集中营里来了一大批党卫军。

有一次，希尔德加德·施托费尔的牙齿出了毛病，但是她发现附近奥斯维辛镇上的波兰牙医既没有 X 线仪器，也缺乏相应的治疗技术，因此她找到和卡佩休斯在同一间奥斯维辛药房工作的萨茨医生。数年后，在谈起当时的四五次就诊经历时，她的言语之间充满了亲切的回忆。“我经过的门口……非常漂亮。那里种有许多花儿，营房整洁美观……（除了）在卡佩休斯医生工作的药房里，我没有见过任何囚犯……这些人看起来根本不像是囚犯。他们个个营养良好、衣着得体，态度总是愉快乐观。所以我没有看到这里的环境有多糟糕……他们看起来都很好。”她的丈夫汉斯也表示，这些囚犯药剂师“对卡佩休斯评价很高”。令人怀疑的是，他声称自己对集中营里发生的事情一无所知，因为他从未向窗外看过，也从未问过卡佩休斯任何问题。

但有一点毋庸置疑，那就是在施托费尔家中，卡佩休斯可以做回自己，远离集中营内党卫军森严的等级制度。因此他感到十分放松，以至于偶尔还会谈起战争造成的压力。例如，1944 年 5 月底，他出差到柏林的中央军事医院订购大批药品。在这趟旅程中，他亲眼看到了盟军从 5 月 28 日起开展的两天大规模轰炸造成的巨大破坏。在返回奥斯维辛后，他请了几天假，想要到施托费尔家稍事休息。当时大型的打猎活动正在进行。虽然大雨倾盆，但是所有人都心情愉快，甚至跳起了舞来。唯独卡佩休斯忍不住谈到盟军轰炸机的强大威力，称他对此十分不安。其他人都觉得他的唠叨令人沮丧，因此纷纷“要求他不要再提起这些事情”，卡佩休斯只得听从。希尔德加德·施托费尔后来回忆说，她和丈夫“总是不愿谈起这些令人烦恼的话题”。

施托费尔家不是卡佩休斯在集中营外唯一一个休闲之所。他还经常到附近的波兰小镇奥斯维辛去拜访阿明·伦普。后者是来自特兰西瓦尼亚的德意志人，在当地担任药剂师。伦普一家也是施托费尔的朋友，从罗马尼亚布科维纳省北部的瓦特拉多尔内镇迁到了波兰。这一罗马尼亚省在灭绝欧洲犹太人方面同样声名狼藉。布科维纳拥有罗马尼亚最古老的一个犹太人聚居区。据战前的一项人口调查显示，犹太人约占当地人口的 10%，达到 92 000 人。他们在交通、伐木和金融业居于突出地位。从 1941 年开始，罗马尼亚的民兵组织和特警队开始屠杀犹太人。阿明·伦普的家乡瓦特拉多尔内是一座小镇，仅有 7 700 名居民，其中包括 2 000 名犹太人，占总人口的 1/4 还多。截至 1942 年，也就是伦普在二战中期到奥斯维辛定居前，该镇只剩下 21 名犹太人。

卡佩休斯说，他很喜欢“到伦普家中或施托费尔的庄上做客……以摆脱集中营的那种气氛”。但伦普的住处与奥斯维辛相距不远，仍然无法使他彻底放松下来。正如卡佩休斯写道：“到了夜间，从药剂师伦普家中的阳台上望去，你可以看见在大约 4 公里外的地方，熊熊大火正在燃烧。大家都清楚，那里正在焚烧死人。如果风朝这边刮来，你就能够闻到那种味道。”

THE PHARMACIST OF AUSCHWITZ

| 第 10 章 |

匈牙利犹太人的死亡之旅

不可否认，一些被派到奥斯维辛等集中营的党卫军本身就是病态的虐待狂，只有这种残暴的行径才能满足他们的兽欲，而门格勒之流的医生热衷于开展伪种族科学实验，因此他们也十分乐意待在集中营。但是在 7 000 个被派往奥斯维辛的党卫军中，大部分人都不喜欢这个岗位，认为这里条件艰苦。这 7 000 个党卫军包括 177 个妇女和 350 个像卡佩休斯一样的德裔罗马尼亚人。奥斯维辛位于荒凉的波兰乡村，夏季酷热难当，冬季严寒刺骨，而且在这个偏远之地工作并没有额外的薪酬。同时囚犯当中疾病肆虐，斑疹伤寒、白喉和肺炎都有可能传染给所有的卫兵、军官和医生。1942 年，在奥斯维辛任职的 3 个月内，约翰·保罗·克雷默医生始终保持着记日记的习惯，并时常抱怨营地里的条件非常恶劣。“在来到营地一周以后，我用遍了所有杀虫剂，但是仍然无法消灭房间里的跳蚤。”

就像其他所有党卫军一样，克雷默也接种了一系列疫苗，以避免感染斑疹伤寒。但这些针剂会产生许多不良反应，包括高烧和腹泻。即便如此，克雷默还是在日记中提到，他的一些同事身染重病。有一次，克雷默写道：“在妻子因斑疹伤寒去世后几天，二级突击队大队长西泽也患上了这种病。”除了斑疹伤寒以外，这里还蔓延着“奥斯维辛病”。这是一种细菌感染疾病，其症状类似重感冒，伴有峰形热、寒噤、肌肉痉挛、头痛和身体衰弱。在来到奥斯维辛的头两个月里，门格勒的疟疾也发作了几次。

以上并不是说那些不愿调到奥斯维辛的人没有尽全力履行职责。正是在他们的合谋下，纳粹才屠杀了数百万无辜的平民。此外，他们还会寻找其他方式从这项工作中牟利。对许多人来说，集中营里的大屠杀一次性地为他们提供了攫取个人利益的机会。党卫军的家信和同事之间的交谈表明，很多人都认为自己理应获得比现有薪水更高的报酬，而这一人数的比例之高着实令人吃惊（卡佩休斯属于工薪阶层，年收入为 9 000 帝国马克，约合当时 3 600 美元）。有鉴于此，这些人经常会对新来的囚犯下手，窃取他们藏匿在个人物品中的食物和酒，但也有人只能把多余的配给储存起来，偶尔大吃一顿，所以对现状十分不满。

那些贪婪之徒热衷于积攒珠宝和现金，而奥斯维辛不乏这两样东西。每天都有大批犹太人被塞进运畜车厢，来到这座集中营。这些犹太人认为，他们会被安置在东部的劳动营里。他们毫不怀疑，那里的生存条件一定异常艰苦。尽管有关死亡营的说法在被占领国家的犹太人聚居区不胫而走，但是这些新来的囚犯怎么也不愿相信，当火车到达终点站后，等待他们的是毒气室。他们希望自己能够开始新的生活，所以只要有地方藏匿细软以免纳粹发现，他们都会把尽可能多的贵重物品带在身上。

钞票、钻石和珠宝往往会被缝进大衣、裙子和西服的内层，或者藏进护肤霜或润肤露的瓶子里，甚至是手提箱的暗格里。但是纳粹很快就变得轻车熟路，熟知这些受害者会把金银财宝藏在哪里。他们将所有赃物存放在比克瑙巨大的库房里，也就是被囚犯们戏称作“加拿大”的地方，然后再从这个中转站将战利品运往德国。

由于每天新来的囚犯太多，每辆火车上都会卸下大批贵重物品，所以纳粹根本来不及对所有物品进行登记。正因为没有任何记录，党卫军才会趁机偷窃。

“他们（党卫军）将大量金银珠宝带回了家中，”被分配到“加拿大”的斯洛伐克犹太人利布沙·布雷德说，“我们会检查所有物品，连内裤也不例外。我们发现了许多钻石、黄金、美钞以及欧洲各国的硬币和纸币……这里对他们来说就像一个金矿……而且没有人会清点其中储藏的物品。”

除了布雷德等囚犯以外，还有许多人也注意到党卫军当中普遍存在的偷窃行为。1943 年，22 岁的党卫军下士奥斯卡·格罗宁奉命掌管从犹太人行李中发现的所有现金。每过两个月，他就会把这些钞票装进板条箱，然后乘火车将其运回柏林。

“如果东西堆得太多，你很容易就能顺手牵羊，”格罗宁在战后回忆道，“在奥斯维辛，私吞物品的做法十分普遍。”

在接受押运钞票的任务后，就像其他许多同事一样，格罗宁也禁不住诱惑，开始小偷小摸。

1943 年 10 月，柏林的党卫军高层终于承认，集中营里腐败猖獗。希姆莱派遣律师兼法官康拉德·摩根中校前往奥斯维辛调查此事，以解决这一问题。在抵达奥斯维辛数日后，摩根事先不做出通知，突然检查党卫军的储物柜。

“经过检查，储物柜里发现了大量黄金、戒指、珍珠和各种各样的钞票，”他后来表示，“这些党卫军的做法已经违背了军人的所有行为准则。他们给人的印象无异于一群道德败坏、野蛮残酷的寄生虫。”

摩根清楚，要想根除腐败，必须严加惩治、以儆效尤，因此他下令逮捕了两名盗窃违禁物品的党卫军守卫。在等候审讯的过程中，其中一人在狱中自缢身亡。摩根向希姆莱报告称，渎职现象广泛存在，腐败的滋生离不开营地指挥官鲁道夫·霍斯的纵容。霍斯作风强硬，人们大都认为，正是在他的推动下，奥斯维辛才得以不断扩张，其屠杀能力也才能不断增强。事实上，在遵纪守法方面，霍斯本身就树立了一个恶劣的榜样，因为众人传言他与一名捷克地区犹太女囚有染（当这名女囚怀孕后，他下令不准给她吃饭，好让胎儿流产）。希姆莱认为，自己别无选择，只能换掉霍斯。

然而，这名指挥官拒绝调往其他地方，并且亲自恳请党卫军头目希姆莱网开一面，声称只有自己才能解决眼前的麻烦，但是希姆莱不为所动。尽管如此，为了减轻霍斯所受到的打击，党卫军头子希姆莱还是提拔了他，让他到集中营管理总部从事文书工作。值得注意的是，1943 年 11 月 10 日，当霍斯迁往柏林以北的奥拉宁堡，到新岗位赴任时，他的妻子和 5 个孩子仍然留在奥斯维辛的家中。霍斯离开两个月后，营地的库房莫名其妙地起火，被烧成了一片灰烬。里面本来存放着摩根积累的证据，它们足以指控党卫军的腐败，但是这场大火为党卫军的审判画上了句号。

此次调查开始 7 个月后，霍斯返回奥斯维辛，重新担任了指挥之职。毫无疑问，与摩根的调查相比，屠杀犹太人更加重要。按照计划，1944 年春将有大批匈牙利人被流放至此。希姆莱认为，除了霍斯，没有人能足够残酷有效地运转集中营，以满足屠杀匈牙利犹太人的要求。而随着霍斯的卷土重来，摩根的调查不了了之，那些试图浑水摸鱼的人们变得更加胆大妄为。

1944 年前，波兰的三座死亡营——特雷布林卡、索比堡和切姆诺你争我夺，都愚蠢地想要得到纳粹头号灭绝营的头衔。但从 5 月开始，奥斯维辛逐渐赢得了这一耻辱的称号，成了纳粹首屈一指的杀人机器。这个结果不乏政治目的，部分原因离不开卡佩休斯的故乡特兰西瓦尼亚。1940 年，《维也纳条约》签订后，匈牙利吞并了特兰西瓦尼亚，而后者也成了第三帝国的盟友。但是法西斯强硬派在掌权后没有听从纳粹的敦促去围捕和驱逐境内的 80 万犹太人。1944 年 3 月德国情报机构报告希特勒，匈牙利领导人正密谋向盟国投降。之后元首出动德军接管了该国，阿道夫 · 艾希曼中校是第一批征服布达佩斯的纳粹军官之一。作为安保部队分支机构 IV-B4 的主管，他负责将占领国家的所有犹太人转移到集中营。由于他是开展种族灭绝行动的首要官员，有些人将其称作“死亡交警”。5 月初，当第三帝国对犹太人的屠杀达到疯狂的高潮时，艾希曼在维也纳组织召开会议，制定了具体方案，以加快步伐将匈牙利和特兰西瓦尼亚的犹太人送入奥斯维辛。这次行动始于 5 月中旬，开头每天发出 4 班火车，每班运送 3 000 名犹太人。即便按照纳粹杀人机器的惊人效率来看，这项计划也不能不说过于野心勃勃。

霍斯下令大力扩建营地，将铁轨移开，把一座大型地堡改建为另一座毒气室，同时新建数个焚化炉，挖掘 5 条巨型壕沟以焚烧源源不断的尸体。负责从毒气室内搬运尸体的囚犯特遣队也从 200 人增加到 800 人。

当年春天像地狱般令人毛骨悚然。纳粹后来吹嘘，在 10 个星期内，他们清理了半数在奥斯维辛被毒死的犹太人。但事实证明，由于新的囚犯如潮水般涌入，就连作为大屠杀代名词的奥斯维辛也感到左支右绌。没过多久，数以万计的尸体开始在临时挖掘的深坑中腐烂，等待超负荷运转的焚化场腾出地方。囚犯当中的 8 名牙医夜以继日，手持钳子从死尸口中拔除金牙。他们每天拔出的黄金重达创纪录的 20 磅。盐酸被用来溶解牙齿上面附着的骨肉残骸，但拔牙的速度飞快，这种化学品因为来不及派上用场而积压了数周。

门格勒的囚犯助手米克洛斯·尼斯利医生后来回忆说：“匈牙利的犹太囚犯一拨接着一拨被运来，两列火车经常同时到达。在这种情况下，人群仿佛潮水般涌出车厢。站台上的门格勒医生来不及继续对他们进行‘筛选’。大多数时候，他的手只会指向左边。有时候，整列火车上的人会被立即送入毒气室，或者燃烧着的壕沟中。”

犹太囚犯医师奥托·沃尔肯记得，“随着匈牙利囚犯不断抵达，这里的情况发生巨大变化。艾希曼的‘旅行社’突然重新开张，日复一日向奥斯维辛运送囚犯。火车从每天 4 班增加到 5 班和 6 班，有时甚至是 10 班。”

卡佩休斯的同事和朋友罗兰·阿尔伯特中尉掌管着警卫队——党卫军 4 连，负责把守比克瑙最主要的一座瞭望塔，而所有列车都从瞭望塔下经过。阿尔伯特和手下居高临下，运畜车厢一被打开，他们就能一览无遗地看到犹太人的情况。他们用机关枪瞄准了蜂拥而出的囚犯，以防有人逃走。但新来的囚犯在运畜车厢里被挤得严严实实，经过严酷条件下的数日长途跋涉，早已筋疲力尽。面对穷凶极恶的卫兵和 150 多条猎犬，他们根本没有力气或能力冲向四周通有高压电的带刺铁丝网。

“没错，情况的确很可怕，”阿尔伯特后来回忆道，“我可以从塔上看到下面站台上发生的一切。有一次，轮到我把守站台时，我看到其中一个人经过 3 天艰难跋涉，几乎连说话和走路的力气都没有，但是却开始祈祷。这是一个困难的旅程，很多人都死在火车里。当车厢门打开后，里面会飘出一股可怕的臭味。剩下的人也都气息奄奄，孩子们大声啼哭，女人们小声呜咽，男人们呼喊着家人的名字。”

数年后，卡佩休斯以一贯冷静客观、波澜不惊的语调描述了奥斯维辛这段血腥时期：“从 1944 年 5 月 14 日至 7 月 7 日，共有 34 列火车载着 288 357 名犹太人从特兰西瓦尼亚北部和匈牙利抵达这里，在站台上接受挑选。其中只有 1/3 的人被告知适合工作，并得以幸免。14 岁以下的儿童不在此列。”当年春天，奥斯维辛经历了有史以来最血腥的时期。这段时间的灭绝营本身已足以令人触目惊心，但如果考虑到其他地方的战局它就变得更加突出。此前一年，即 1943 年，纳粹看似锐不可当的势头终于结束。德军在斯大林格勒（现伏尔加格勒）被围 5 个月后，超过 25 万人投降，苏联因而大获全胜。名噪一时的“沙漠之狐”——陆军元帅埃尔温 · 隆美尔开始撤退，一路穿过北非，在美英坦克部队赶到之前逃回德国。意大利突然改换阵营，抛弃第三帝国，与盟国达成了协议。在有史以来最大规模的库尔斯克坦克战中，苏军击退了德军的攻势。如果说 1943 年是纳粹的闪电战成为过往云烟的一年，那么 1944 年就是盟国扭转乾坤的时候。

纳粹一度口出狂言，声称德军发动的空袭坚不可摧，但这一神话在

1944 年 1 月到 2 月被打破。当时英国对柏林、法兰克福、汉堡和莱比锡实施了大规模轰炸，沉重地打击了德军。美军经过鏖战，也在罗马以南 31 英里的安齐奥建立了一处滩头堡。2 月，苏联红军在乌克兰中部俘虏了 10 个德国师。盟国开始摩拳擦掌，准备在当年夏季大举进攻诺曼底。

在德国，随着死伤人数的迅速增加，前线失利的报告不断传来，民众产生了浓重的悲观情绪，认为德国有可能一败涂地。现在看来我们至少可以肯定一点，希特勒征服欧洲全境的计划只不过是一场误入歧途的梦幻，在 20 世纪这场由德国发动的第二场毁灭性战争中，希特勒使自己的祖国深陷其中，无法脱身。然而，在奥斯维辛，那些犯下有史以来最严重战争罪的人们几乎毫无顾忌，仍在野心勃勃地扩建这部杀人机器。令人诧异的是，这座营地的管理者仿佛对战局的扭转毫无觉察。他们不仅没有收手，甚至也从来没有想过，有朝一日他们要为自己所犯的罪行受到惩罚。

那些与卡佩休斯在药房共事的人们发现，尽管集中营已经穷于应付不断到来的满载匈牙利犹太人的火车，但是卡佩休斯却把这当作牟利的大好时机。囚犯药剂师威廉·普罗科普说："我渐渐发现，卡佩休斯总是试图尽可能地从大批到来的匈牙利囚犯那里搜刮财物。"卡佩休斯一开始就假借去新来的囚犯那里寻找药品和医疗设备之名，四处翻寻贵重物品。门格勒的助理尼斯利说，卡佩休斯很快便因为"擅长整理"刚刚缴获的战利品而"为人熟知"。

1944 年 6 月，犹太囚犯当中一个名叫斐迪南·格罗希的药剂师来到奥斯维辛，被分配到药房工作。当卡佩休斯还在拜耳任职时，格罗希就认识他。他看到，这个上司每周数次出现在站台上。"就药品而言，他唯一的兴趣就是让我们对囚犯的护肤霜和牙膏管进行检查，看看里面有没有藏着珠宝首饰。他每天都会过来巡视一次，看看我们是否找到任何值钱的东西。我在医务室工作的几个月里，他不仅搜罗了大量珠宝，而且认为这些东西理所当然应归他所有。”

囚犯当中的护士路德维希·沃尔表示，卡佩休斯热衷于从药瓶里寻找钻石。“对卡佩休斯来说，金银珠宝要比囚犯的生命更加重要。”沃尔说。

在奥斯维辛，卡佩休斯可以按照规定将他从站台抄没的所有物品带回药房，而无须签署任何文件承认自己拿走了这些东西。这一重大的管理漏洞使他很容易顺手牵羊。在大屠杀的方方面面，德国的官僚体制都异常严苛，但刚才提到的制度缺陷却时常被卡佩休斯加以利用。

波兰药剂师塔德乌什·谢夫奇克记得，有一次从火车站返回后，卡佩休斯命令他从救护车上拿下一些手提箱。“我要将这些大大小小的皮箱放进药房的储藏室内。一共有15只……我和卡佩休斯一起整理其中的物品，将好东西装进好的皮箱里。最后卡佩休斯医生拿走了所有物品。”据谢夫奇克回忆，“所有物品”包括外币、珠宝和帝国马克。卡佩休斯立即将外国货币塞进了钱箱，把珠宝和马克装进了不同的箱子里。

还有一次，卡佩休斯想送给妻子一枚钻石胸针，于是“委托”高级助理西科尔斯基去寻找。当后者终于拿来钻石胸针时，卡佩休斯给了他12瓶烈酒作为奖赏。

囚犯药剂师普罗科普也亲眼看到了卡佩休斯的所作所为：

一天，我正在顶楼的储藏室里整理药品，卡佩休斯突然出现在我面前。他之前保管着几个手提箱，它们本来属于某些囚犯。他是从比克瑙的营地把这些手提箱拿来的。每当轮到我值班时，我就会留意他的行动。我发现，卡佩休斯会取出其中的贵重物品，将它们装进最好的皮箱里。

皮箱里装满了“质量上乘的新西服”。普罗科普“目瞪口呆”地看着卡佩休斯挑选这些物品。当卡佩休斯发现普罗科普正盯着自己时，他暂时停了下来：

普罗科普，你要清楚自己是来这里干什么的。你反正都会死，至于时间的早晚全看你自己。如果你把看到的事情说出去，那么这个时间会比你预期得更早。我希望你明白我说的意思。

普罗科普后来表示：“我清楚如果我敢走漏半点风声，我就死定了。”

卡佩休斯命令普罗科普将两个装满高级西服的皮箱藏起来。第二天，当普罗科普去找皮箱时，它们已经不翼而飞。

这个奥斯维辛的药剂师走到了一个转折点。眼下他正忙于浑水摸鱼，只要能够拿到的东西，他就会顺手偷走，而一俟战争结束，他就会有足够的资本开始新的生活。

THE PHARMACIST OF AUSCHWITZ

|第 11 章|

将掠夺之手伸向死人的牙齿

1944 年 8 月 20 日，奥斯维辛的党卫军亲眼见识了第三帝国的战势急转直下到何种程度。当天，盟军的轰炸机为测试射程，轰炸了莫诺维茨。盟军的飞行员很幸运，I.G. 法本的工厂规模庞大，即使是进行单程轰炸，他们也不会错失目标。法本的管理人员和德国雇员躲进了工厂的防空洞，与可以自由行动的波兰和西欧工人挤在一起。但是强制劳工和战俘们只能听天由命。这座工厂有 1 200 名英国战俘，其中 40 人在这次空袭中丧生（在此之前，法本将战俘中的熟练技术人员转移到了莫诺维茨）。9 月，空袭警报两次拉响。10 月 13 日，莫诺维茨再次遭到轰炸（至于盟军此时为什么没有轰炸纳粹用来将数十万犹太人送进毒气室的铁路，迄今尚有诸多争议）。

在9月的空袭期间，卡佩休斯请假两周，因此不在营地。他想要回家看看妻子和3个女儿。弗莉琪仍在锡吉什瓦拉经营家族的药店。但对卡佩休斯来说，回家的风险很大，因为红军已经占领了特兰西瓦尼亚，罗马尼亚也突然倒戈，转而与苏联并肩打击纳粹。弗莉琪写信告诉丈夫，他们位于布加勒斯特的房产在德国空军发起的报复性打击中被夷为平地。

一开始，卡佩休斯向北出发，希望能够找到一条平安回家的路线。和他一起的还有洛特·利尔，她是奥斯维辛集中营的护士，嫁给了卡佩休斯的好友——一个德国党卫军军官。卡佩休斯后来回忆道，在接近罗马尼亚边境时，“我感觉糟透了，仿佛世界末日来临了一般。我心中的恐惧几乎不可抑制。”许多罗马尼亚人把苏联人视为解放者，对其夹道欢迎，并且转而敌视那些像卡佩休斯一样仍在为第三帝国卖命的德意志族人。

几经挫折，卡佩休斯和利尔放弃了平安抵达锡吉什瓦拉的想法。卡佩休斯返回了奥斯维辛。据罗兰·阿尔伯特回忆，当时奥斯维辛发生了空前的叛乱，他不得不赶回营地，对特遣队执行死刑。“因为他掌管着齐克隆B，所以必须返回岗位，”阿尔伯特回忆道。对于这一天的事情，卡佩休斯在战后轻描淡写地记录道：“当天晚上，我拿出上好的匈牙利杜松子酒，在营房里招待费舍尔、克莱因和门格勒。”但卡佩休斯同样只字未提的是，他之所以返回营地，是因为他还需要处理一件颇为私密的事情。

有人传言37岁的卡佩休斯与26岁的犹太药剂师——女囚伊娃·齐特龙-巴尔德有染，并且言之凿凿。这名女囚来自特兰西瓦尼亚，在战前与卡佩休斯有过一面之交。1944年夏，伊娃来到奥斯维辛后，被克莱因和门格勒医生选中，仅在 5 周后便开始在药房工作。

卡佩休斯在战后写信给朋友时，提到了他的“金发助理伊娃”。他说这名助理“为人友好，她 3 厘米（1.2 英寸）的金发逐渐变长，并且扎起了马尾辫，而这在集中营里一般是不被允许的”。当有关两人的流言蜚语传到主任医师维尔特的办公室时，维尔特的助理——奥地利政治犯赫尔曼·朗本听说了此事。但盖世太保并没有就此开展正式调查，所以卡佩休斯侥幸得脱。

9 月 22 日，在卡佩休斯返回奥斯维辛后，伊娃悄悄告诉他，他不在营地时，有党卫军军官说她“知道得太多”，应当被灭口。卡佩休斯相当震惊。

“谢天谢地，中队长，你终于回来了！现在我知道我有救了。”她激动地说道。

一开始，卡佩休斯怀疑幕后主使者是自己的对头维尔特医生。但他很快得知，原来是其他囚犯嫉妒伊娃的待遇高人一等。

“于是，我和营房里的其他医生谈起了伊娃，”他回忆道，“并且讨论了事情的来龙去脉。”

他从来不会为了一个犹太囚徒而出面干预，但是这一次他坚决的态度发挥了作用。

“女囚伊娃什么事也没有。”他后来告诉朋友。

10 月，法本命令莫诺维茨的所有德国妇女和儿童回国，因为公司的高层认为，他们已经不能保证这些平民的安全。从中可以看出，战场的局势正日益恶化。法本面临的压力越来越大，而且不仅限于莫诺维茨这样的地方。在盟国看来，这个联合企业为纳粹发动战争起到了不可或缺的作用，如今它更是至关重要。在法本从莫诺维茨撤出德国妇女和儿童的前一个月，富兰克林·罗斯福总统在写给国务卿科德尔·赫尔的一封公开信中表示："纳粹利用I.G.法本这一托拉斯的经过就像一部侦探小说。在战胜纳粹军队后，这些经济武器必须消灭。"因此，法本的董事们担心，战场上的战斗一旦结束，该公司将遭到全面攻击。

此外，越来越多的证据显示战局不利于德国，这更让法本的高层和集中营的党卫军感到岌岌可危。这也意味着，他们将很快没有机会攫取个人利益。

然而，卡佩休斯从维尔特医生下达的命令中看到了假公济私、继续敛财的良机。卡佩休斯回忆道，维尔特下令，凡是在药房工作又了解大屠杀一事的囚犯助理，全部都要送入毒气室处死。卡佩休斯称，是自己让这些囚犯药剂师"做各种各样的琐事"，从而保住了他们的性命。卡佩休斯说，他所谓的"琐事"非常简单，就是让他们"反复检查"受害者放在药房里的个人物品。事实上，卡佩休斯感兴趣的不是搭救他们的性命，而是让他们替自己搜罗金银珠宝。

此外，卡佩休斯开始攫取最令人恐怖的战利品——从毒气室毒死的那些囚犯嘴里拔出镶牙用的黄金。这些来自死人口中的镶牙金以及新来的囚犯的金币、金表、金烟盒和金首饰全都被熔成了金锭。在奥斯维辛，纳粹平均每天能够获得65至75磅黄金。事实证明，党卫军借此大发了一笔横财。从1943年开始，这些黄金就被盖上"奥斯维辛"的标记，不断运往德国国家银行，即纳粹在柏林的中央银行。其中大部分被压制成了金条，上面均印有"卍"字符和Preußen Staatsmünze-Berlin（柏林普鲁士国家铸币厂）字样。没有人清楚纳粹究竟从奥斯维辛的死尸身上攫取了多少黄金。二战结束后，美军缴获了纳粹的记录，上面记载着从集中营运往柏林的具体黄金数量。美国没有来得及复印这些资料就把它们归还给联邦德国的档案馆。后来，联邦德国的档案部门以“日常维护”为由将其销毁。

特遣队中的一名囚犯雅科夫·加拜记得，从死尸身上拔除金牙的过程令人毛骨悚然：“有两个捷克斯洛伐克人被称作牙医，负责从受害者的口中拔出黄金。他们是真的牙医……那里有一个大号板条箱，他们会把金子丢进去。箱子的大小约有 1 立方米，上面印有‘德国’字样，他们就是把金牙丢进那里。”

他们在一座地堡里进行操作。这座地堡像地狱般阴森恐怖，因为这里相当于一个中转站，一批批形状扭曲的尸体被从毒气室送到这里，然后再运往焚化场。由于运送匈牙利犹太人的火车夜以继日地开来，尸体很快便堆积如山，他们根本来不及处理。随着死尸越聚越多，指挥官霍斯担心，如果尸体继续积压下去，他们就会留下蛛丝马迹，而这些可怕的证据将告诉世人，奥斯维辛曾经发生过什么。因此，1944 年秋，当红军势如破竹，一路向西推进时，霍斯加快了处理尸体的速度。一批新的囚徒被派进地堡，用钳子尽快拔掉死人的金牙。

这些金牙出现在卡佩休斯的药房里，不能不说是造化弄人。早在 1943 年，一个党卫军军官本应将一箱镶牙金护送回柏林，但是他却带着这箱赃物潜逃了（此人后来在杜塞尔多夫被捕）。这起盗窃事件之后，镶牙金归奥斯维辛牙科诊所主管威利·弗兰克医生及其高级助理——牙医威利·萨茨中尉负责。其中大部分金牙被塞进大号手提箱里，从比克瑙穿过营地送达萨茨手中。巧合的是，萨茨的办公室位于卡佩休斯的药房内，因此卡佩休斯才会“主动请缨”，推荐手下的囚犯药剂师整理装满金牙的手提箱。这些从死尸身上拔下的金牙成千上万，看起来令人心惊胆战。

卡佩休斯称："这些手提箱被送到我们那里或者萨茨医生的牙科诊所。金牙要从支架上溶解取下，用来为囚犯安装新的义齿，但是由于缺少设备，我们根本不可能做到这一点。"

但即便设备齐全，卡佩休斯也不打算将拔出的镶牙金用来为其他囚犯安装义齿。

实际上，卡佩休斯还亲自将党卫军士官博莱斯瓦夫·弗里马克从"拔牙小组"调到了药房。当时，卡佩休斯及其党卫军同僚认定，其他所有囚犯一定会被送入毒气室处死。他们的贪欲已经压倒了一切。

药剂师普罗科普后来回忆称，他看到大约 50 到 100 个手提箱，"里面装满了从死人口中拔下的金牙，上面还连着血肉，散发出可怕的恶臭"。在药房的另一个房间里，他无意间看到，"还有大约 25 到 40 个各式各样的袋子，里面装着数以千计刚被拔掉的牙齿和成套的假牙"。就像他之前看到过的成箱金牙一样，"这些牙齿都是从被毒死的囚犯嘴里拔掉的，有些上面还连着牙龈和骨头"。

卡佩休斯的助理西科尔斯基在战后回忆称："在大楼的底层，也就是党卫军药房的所在地，矗立着一个个装满牙齿的皮箱……皮箱第一次送来时，卡佩休斯医生带我过去查看……这些皮箱都是从焚化场运来的，我数了一下，一共 15 个。"

据西科尔斯基回忆，卡佩休斯委派波兰囚犯马切伊·苏利科斯基监督其他数名囚犯"熔化这些金子……上司就是靠这赚取外快的"。西科尔斯基很快便看到了这些人的劳动成果。"有囚犯把用镶牙金和金牙铸成的金条拿给我看，这些金条每根重约 600 至 700 克（21 至 24 盎司）。"

一天，普罗科普和卡佩休斯一起来到药房的顶层。"卡佩休斯走到手提箱旁边，"普罗科普说，"皮箱里装满了牙齿，有的上面还连着下颌、牙龈和骨头。所有这些都已经开始腐烂，散发出阵阵恶臭，当时的场面阴森恐怖。”

普罗科普告诉上司，他认为应当把这些恐怖的手提箱存放到牙科诊所，但卡佩休斯却置若罔闻。他俯下身去，“伸手开始在这堆臭烘烘的牙齿里翻寻。他拽出一副义齿，大概是想估一下价。我吓得连忙跑开了。”

在随后的一段时间里，每当普罗科普前来查看这些装满金牙的皮箱时，他发现“里面的东西正在一天天减少”。

从死人身上盗取镶牙金一事，卡佩休斯还有两名同伙——他的好友、营地的牙医萨茨和弗兰克。仅卡佩休斯一人就曾将数十个装满黄金的小包裹寄给了身处维也纳的妹妹，并且明确表示，一定要将它们藏在安全的地方，因为随着战争已经接近尾声，黄金很可能是动荡的局势中唯一通用的货币。

THE PHARMACIST OF AUSCHWITZ

第12章

纳粹与法本的垂死挣扎

1944年11月，海因里希·希姆莱终于意识到德国即将战败，这名党卫军头子于是下令停止大屠杀。11月2日，奥斯维辛最后一次使用齐克隆B。从11月底开始，奥斯维辛和波兰其他死亡营的数万名囚犯被迫向西行军，远离苏军推进的路线，前往德国的集中营。其中数千名身体虚弱者或患病者在行军过程中死亡。在从莫诺维茨出发前往卑尔根-贝尔森的4 500名犹太人中，大部分人因为在盟军开展轰炸时试图趁乱逃进附近的森林而遭到纳粹卫兵杀害。

在奥斯维辛，纳粹加快了销毁大屠杀证据的步伐。12月1日，由200名囚犯（其中一半是妇女）组成的爆破队开始摧毁焚化场。纳粹清楚，他们的末日即将来临，届时他们将不得不放弃这座集中营，因此现在要竭尽全力销毁一切证据。

次年 1 月，纳粹意识到他们不可能撤出所有囚犯，因为后者的数目过于庞大。约有 600 000 名囚犯仍被关押在集中营，还有大约 250 000 名强制劳工仍在为法本之类的公司工作。

1945 年 1 月的第二周，法本将剩余的德国雇员遣返回国。1 月 13 日星期六，盟军出动 96 架轰炸机，对莫诺维茨发动了连续 15 分钟的轰炸。但法本的员工已经及时撤离，只有极少数人奉命留下进行监督，以销毁最后一批文件并破坏整个工厂，好让苏联人一无所获。

卡佩休斯及其同事正手忙脚乱地准备离开。至于在逃亡前哪些事情更加重要，他们的想法各不相同。门格勒来到犹太医生的住处，要求他们将所有能够挪动的东西打包带走，包括他的大理石解剖台。接着，他又来到囚犯中的人类学家——玛蒂娜·普济纳医生的办公室。数百对双胞胎就是在这里接受检查，然后被用于痛苦的医学实验。“他一言不发地走进我的办公室，将所有文件放进两个箱子里，”玛蒂娜说，“然后让人把箱子抬到等在外面的汽车上。”此时，其他大多数党卫军正抓紧最后关头，夜以继日地销毁实验文件。

对卡佩休斯来说，他所要做的就是想方设法尽可能多地带走更多的黄金。他的首席助理西科尔斯基听到药房里有动静，“在大楼的底层……放着几个装满牙齿的箱子”。在最后几天的混乱当中，卡佩休斯让西科尔斯基大感意外。卡佩休斯说 :“虽然现在你是囚犯，我是党卫军军官，但是 2 个月后，我们的身份有可能会颠倒过来。”西科尔斯基没有回应。随后，当他再去查看这些箱子时，发现箱子还在原地，但是“里面的黄金已经不知去向”。

卡佩休斯催促好友施托费尔夫妇向西逃亡。他告诉两人，东线的德军正在全面撤退。1 月 15 日，施托费尔夫妇在狂暴的风雪当中，逃往巴伐利亚的巴特特尔茨。3 天以后，即 1 月 18 日，卡佩休斯逃离了营地。和他一起离开的还有 4 名女囚助理，其中包括伊娃·齐特龙 - 巴尔德。他们来到了波兰南部的一座中世纪小镇希隆斯克地区的沃济斯瓦夫，这里紧邻捷克斯洛伐克边境。卡佩休斯称，在那里，他让伊娃和另外 3 人留在当地的一座纺织厂，以囚犯的身份继续工作。他的下一个任职地点是毛特豪森，这座集中营位于奥地利林茨 12 英里以外，占地面积庞大。1 个多月前，奥斯维辛的助理党卫军药剂师格哈德·戈伯已经被派到这里。"他（戈伯）一直在药房工作到底，"卡佩休斯后来声称，"我在毛特豪森什么也没有干。"没有记录显示卡佩休斯究竟在那里待了多久，但有一点无可争辩，他在 1945 年 4 月之前前往柏林，随后被调往中央医疗站。

尽管纳粹垂死挣扎，但在奥斯维辛，"最终解决方案"的规模过大，他们不可能在逃离前销毁所有罪证。截至 1945 年 1 月中旬，红军在战场上势如破竹，不断向前推进。那些仍然留在营地里的人们已经能够听到，苏军的大炮正在不分昼夜地轰炸德军阵地，德方的力量渐趋衰弱。在这场战争中，苏联已有数百万人阵亡，其战俘像犹太人一样遭到了残酷对待，因此纳粹毫不怀疑，苏联人一定会对德国以牙还牙。那些留守的党卫军恐惧不已，不得不做出艰难的选择——究竟是逃之夭夭，还是坚守岗位，执行希姆莱销毁所有罪证的命令。1 月 19 日，剩余的党卫军纠集起一支由囚犯组成的小分队。当天上午，这支队伍将一个多星期以来四处散落的尸体堆积起来。下午，他们来到"加拿大"的库房，里面仍有数百个手提箱。党卫军尚未来得及搜查其中的贵重物品，而是命令他们尽可能地将所有手提箱搬出。当天夜间，党卫军放火烧掉了尸体和行李。

1 月 27 日，红军进入营地后，发现了 600 具未被掩埋的尸体和将近 15 000 名幸存的囚犯。这些人由于病骨支离，难以向西行军，再加上毒气室已经被摧毁，党卫军无法在最后几天将所有囚犯杀光而幸存。这些人全都骨瘦如柴、奄奄一息，仿佛行尸走肉一般，连久经沙场的红军士兵在看到眼前的景象时也震惊不已。就在奥斯维辛被解放数日后，其中几百名囚犯因营养不良和各种疾病引起的并发症而死。在莫诺维茨，共有 800 名囚犯被留了下来，但其中一半也在数日内丧生。

在“加拿大”的库房里，苏军看到了最令人发指的罪证，其中包括 837 000 件女士连衣裙、370 000 件男士西服、44 000 双鞋子和近 8 吨重的头发。而这些证据足以说明奥斯维辛曾经发生过什么。

当苏军攻占莫诺维茨的消息传到法本那占地辽阔的法兰克福总部时，帝国军备部长弗里茨·特·梅尔和法本的一名董事下令销毁该公司的所有文件。但奥斯维辛的文件不计其数，难以在短时间内全部销毁。惊慌失措的员工将总重高达 100 吨的文件从窗户丢向巨大的庭院。其中一些被放火烧毁，还有几卡车的档案被运到附近一家帝国银行支行的保险库内。

尽管法本试图垂死挣扎，但盟军占领该公司的总部后，还是在库房内缴获了大量文件。除了总部以外，法本还在其他地方存放有许多关键证据。英美文件回收小组在路德维希港的工厂发现了埋在附近森林里的重要档案。此外，由于法本没有来得及摧毁奥堡先进的化学实验室，盟军将其拆解后运回英国，由专家进行详细调查。

许多盟军士兵早就听说，纳粹最臭名昭著的罪行之一就是掠夺欧洲的艺术珍品。因此，当他们发现自己找到的只是档案资料，而非丢失的文物时，他们大失所望。但是就在前线的士兵四处寻找画作、雕塑和黄金时，一支由英国和美国检察官和调查员组成的队伍从 1943 年起，就开始整理汇编战争罪案件材料。他们对刚刚发现的文件欣喜若狂。希姆莱曾经下令“不要留下任何痕迹”，但还是留下了一些文件。如果想要让纳粹分子，包括那些将犹太人推入毒气室的卫兵以及签署使用强制劳工命令的法本公司董事，为第三帝国犯下的罪行接受惩罚，这些侥幸保存下来的资料将是必不可少的起诉证据。

1945 年 4 月，美军攻入纽伦堡，而苏军则推进到柏林郊外。4 月 11 日，美军解放了布痕瓦尔德。4 月 15 日，英军进入卑尔根 - 贝尔森。两天以后，卡佩休斯从红军的眼皮底下溜走，自柏林一路向北，来到德国石勒苏益格 - 荷尔斯泰因州北部的弗伦斯堡和胡苏姆市。和他一起逃亡的还有中央医疗站的其他一些党卫军军官。卡佩休斯被编入一支分遣队，其中包括希姆莱。“在最后关头，我距离他非常近，”卡佩休斯在数年后回忆道。

4 月 23 日，乔治 · 巴顿将军的第 3 集团军占领了福洛森堡集中营，并于不到一周后解放了达豪。就在达豪陷落次日，希特勒在柏林的地堡内自尽。

THE PHARMACIST OF AUSCHWITZ

第 13 章

“立即逮捕”

1945 年 5 月 5 日，美国第 11 装甲师解放了毛特豪森集中营。同一天，英军在弗伦斯堡附近抓获了卡佩休斯。5 月 8 日，德国宣布无条件投降，战争终于结束。

二战最后几个月，当美英作战部队在前线浴血奋战时，后方的军事支援部队也正忙于安置如潮水般涌来的 500 多万德国战俘和上千万难民。他们将数百座军营、学校甚至监狱和集中营的旧址改造成了混合拘留中心。

卡佩休斯被转去 2375 号拘留中心。这是英国在比利时西部泽德尔海姆市内和四郊匆忙建造的五座营地之一。5 月 23 日，卡佩休斯在拘留中心获悉，党卫军头目海因里希·希姆莱在被捕后，咬碎了藏在假牙中的氰化物胶囊自尽。

由于战俘和难民的人数过于庞大，盟军的处置工作很快落在了后面。一开始，他们希望尽快将所有难民遣返回国，但是这件事情谈何容易。很多人不希望返回被苏联占领的东欧国家，而集中营里的幸存者几乎也都无家可归。他们的家人已经罹难，家产已被充公，昔日生活的社区早已不复存在。

盟国的另一个当务之急，是设法在数百万战俘中找出第三帝国开展种族屠杀的罪犯。首先，他们要将党卫军从普通德国士兵当中区分出来，于是盟军命令所有战俘赤裸上身，以检查他们身上是否刺有党卫军用于标注血型的小片刺青。对卡佩休斯和其他近 100 万武装党卫军成员来说，这块文身曾经是纳粹精锐部队的象征，如今却成了杀人凶手的标志。凡是带有这一记号的战俘，会被安置在营地中戒备更加严密的区域，接受更为详细的审问。但是由于战俘人数众多，很多人在拘留中心羁押了大半年。

卡佩休斯在被捕后不久就填写了一份长达 6 页的调查问卷。英美两国联袂拟定了 131 个问题，要求 18 岁以上的德国人必须完成这份问卷，并且希望从众多纳粹官员中筛查出企图蒙混过关的人，从而找到“最终解决方案”的制定者们。当然，他们已经料到大部分纳粹分子会信口雌黄，因此他们会将每份调查问卷的回答与纳粹党的档案、德国战争记录、反情报档案，以及警方记录、公务证明、出版刊物甚至线人的报告进行反复核对。由于问卷调查均以德语作答，所以美英两国的处理速度取决于盟军能够派出多少会讲德语的军事人才从事此项任务。不出所料，这项工作很快严重滞后。截至 1945 年底，在美英两国占领区内，约有 1 700 万人完成了调查问卷。但将近 1 000 万份问卷还没有进行初审，其中大部分由卡佩休斯之类的德国战俘提交。

弗莉琪 · 卡佩休斯一直不知道丈夫是死是活，直到 1945 年底，她才接到卡佩休斯通过红十字会寄来的一张明信片。在得知丈夫平安无事后，她顿时激动不已。不过，明信片上暗示卡佩休斯曾在奥斯维辛工作，这一点让她感到十分不安，因为她“听说了一些关于那里的可怕传闻”。38 岁的弗莉琪认为，丈夫被俘是一件好事。自战争结束以来，这是她听到过的最好的消息。共产党占领罗马尼亚后，她的丈夫不再受人尊敬，她也不再是一位成功商人的太太。凡是曾经协助过纳粹的人，他们的财产都被新任政府没收了。卡佩休斯家族经营的皇家药店也被抄没，弗莉琪从店主变成了雇员。她和 3 个女儿被迫搬进一间狭小的公寓。为了养家糊口，她没过多久就开始在合作社里熨烫衬衫。

1946 年 2 月，卡佩休斯在羁押期间遇到了几个德意志人。他将这些人描述为一群“来自特兰西瓦尼亚的撒克逊人，都是乡下小伙，曾经在奥斯维辛和卑尔根 - 贝尔森当过卫兵。这些人一直在四处打听，有没有人认识或者见过奥斯维辛的药剂师。”

“当有人带他们找到我时，”卡佩休斯后来回忆道，“他们告诉我说，他们曾在卑尔根 - 贝尔森与突击队中队长弗里茨 · 克莱因医生共事，并且在卑尔根 - 贝尔森的审讯中遭到共同起诉。”

前一年 9 月，英国人在首轮战争罪审判中，对 45 个党卫军成员和数名盖世太保提起了诉讼，而这些人大都在卑尔根 - 贝尔森工作。二战结束后，一张呈堂证供的照片显示，卡佩休斯的朋友克莱因医生站在贝尔森堆积如山的死尸旁。克莱因从此身败名裂，并于 1945 年 12 月 13 日被处以绞刑。

克莱因和他的 10 名党卫军同事被处决两个月后，这群德裔囚犯中的几个人被调到了2375号营。他们开始四处打听卡佩休斯的下落并且找到了他。笔者发现了其中一个贝尔森分遣队成员，他和卡佩休斯于1943年的同一个月一起被党卫军征召。此人就是28岁的德裔罗马尼亚人乔治·克拉夫特。克拉夫特先后在布痕瓦尔德和贝尔森担任卫兵，也有可能在奥斯维辛任职过。尽管有目击证人指证说曾在这座集中营里见过他，但他仍然拒绝承认到过那里。

卡佩休斯很快明白，克拉夫特及其朋友为什么要打听自己的下落。

“克莱因医生交给他们一项任务：即使到了天涯海角，也要找到奥斯维辛的药剂师、他在罗伊斯马特的同乡卡佩休斯。他们要告诉后者，他（克莱因）视死如归。他也很高兴能够借助自己在奥斯维辛一事上的证言，帮助卡佩休斯医生免罪，”卡佩休斯后来以第三人称转述道。

此外，克拉夫特还告诉卡佩休斯，克莱因想要他知道，他的情妇、罗马尼亚囚犯当中的药剂师伊娃·齐特龙-巴尔德仍然活着。克莱因和她都被转往贝尔森，所以亲眼见过她。当她感染斑疹伤寒后，是他费尽周折，为她弄到了食物和药品。这是他最后一次帮助卡佩休斯医生，因为他知道，对方一定希望自己这样做。

在卡佩休斯遇见这群昔日的贝尔森卫兵后不久，英国人将他调往德国北部的诺因加默。这里本来是纳粹的一座集中营，英国人将其改造成了大型拘留所。1946年4月17日，英国颁布的命令基本上将所有被强制征召入伍的德裔武装党卫军成员视作普通德国士兵，其中包括卡佩休斯。这就意味着，武装党卫军这一身份不会再自动成为接受详细审问或长期羁押的理由。5周以后，即1946年5月25日，在卡佩休斯被捕一年零几天后，英国在不清楚他手上沾满了鲜血的情况下将其释放。

获得自由后的卡佩休斯如释重负，独自搬往斯图加特。这座城市有近 70% 的建筑在盟军的猛烈轰炸下被毁，如今它刚刚开始重建。卡佩休斯以真名在俾斯麦大街租下了一套小型公寓。

虽然他很想返回罗马尼亚和妻子女儿团聚，但他很快打消了这个念头。卡佩休斯获悉，克卢日 - 纳波卡的法庭对他和另外 184 名曾经为纳粹效力的德意志人进行了审判，指控他们犯有战争罪，而克卢日 - 纳波卡是他的故乡特兰西瓦尼亚的首府。当时，卡佩休斯仍处于英国人的羁押之下，法庭在缺席审判的情况下将他定罪并判处死刑。

后来，他从一位世交那里听说了此事的缘由。罗马尼亚人玛丽安·维尔纳是奥斯维辛的幸存者之一。战争结束后，她返回家乡，在锡吉什瓦拉的一家医务所担任 X 线医师。这家医务所在战争期间曾经归罗马尼亚和德国军方所有。他们为了逃避苏军而仓皇撤退，落下了许多文件。“一天，我在一个抽屉里发现了两份引人注目的文件：一本党卫军的记录和一本罗马尼亚军方的小册子。这本小册子上面有一张照片，还有维克多·卡佩休斯的签名。在看到这张照片后，我告诉丈夫：‘就是这个人在奥斯维辛把我从囚犯中间挑了出来。’”维尔纳回忆道。

她清楚地记得，这个“肩膀宽阔的党卫军军官面容刚毅，能讲一口完美的匈牙利语”。1944 年 6 月，在抵达奥斯维辛后，她和其他一些妇女列队走向车站卸货处顶部的一个党卫军军官。此人“看起来很高兴，咧着嘴笑着，而且举止快活、态度和善……（他说）谁要是累了，就到另一边去，那儿有一座可供休息的营地，那里的一切都美好而舒适。他告诉我们，可以在那里再次见到自己的家人。很多朋友都走了过去，但我本能地拒绝了，我想和我的朋友们待在这边。大约有 100 名妇女就此走向死亡。”

后来，奥斯维辛一名年轻的医科生告诉维尔纳，“负责问话的军官来自特兰西瓦尼亚，所以他的匈牙利语才会讲得这么好。他是一名药剂师，名叫卡佩休斯……而她之所以知道这些，是因为她的父亲也是一名药剂师。”

维尔纳知道，在罗马尼亚的这座小镇上，“所有人都在谈论，卡佩休斯曾经到过奥斯维辛”。她认为卡佩休斯很可能已经丧生，但她思忖着最好还是“将这些文件交给当局，也就是罗马尼亚在锡吉什瓦拉的国家安全部门”。

之前关于卡佩休斯的调查已经陷入停滞，但这两份文件足以迅速重启案件，并且最后导致卡佩休斯被缺席判处死刑。这一判决让弗莉琪极为震惊，她坚信丈夫不可能犯下如此严重的罪行。她也清楚，这一判决将使他们夫妇永无回乡团聚的机会，而共产党政府也不允许公民迁移到西方国家。

卡佩休斯不但在祖国遭到通缉，而且听说占领罗马尼亚的红军会于 1946 年 1 月中旬将一些德裔遣送到苏联，因此卡佩休斯一家和其他同胞将这一天称作“黑色星期天”。卡佩休斯的妻子不禁联想起，就在几年前，德国人也曾下令要犹太人聚集在一起，然后将他们流放到奥斯维辛。

在斯图加特，孤零零的卡佩休斯希望尽快恢复正常生活，但要想做到这一点谈何容易。卡佩休斯完全清楚，党卫军的身份使他难以在战后的德国生存。虽然盟军发起了大规模并且存在争议的去纳粹化行动，但是他意识到，除非自己完成这个过程，否则一切都不会发生改变。这一行动旨在阻止前纳粹党成员和军事将领轻易重操旧业，恢复平民时期的身份。

卡佩休斯知道，在英国人释放自己的两个月前，盟国军事政府去纳粹化部门将控制权交给德国人。当年春天，《从国家社会主义和军国主义解放法》颁布实施，一支庞大的司法队伍由此被建立起来，以处理严重积压的案件。所有德国人必须填写一份申请表，这份表格被精减为两页，而且问题设计远不如以前的调查问卷尖锐。新成立的 500 座特别法庭雇用了超过 22 000 名德国人。德国的每个州都成立了新的政府部门，该部门被称作“政治解放部”。与此同时，新任的检察官需要对数十万份档案进行筛查，逐个确定每个人适用于以下 5 种判决的哪一种：重犯有可能被判处死刑；罪犯和投机倒把者会被判处 10 年有期徒刑；轻犯可以缓刑，但是行动会受到限制；从犯会被处以罚款，并剥夺部分政治权利；无罪者不会受到处罚，还会得到至关重要的“去纳粹化证明”，从而可以不受妨碍地在联邦德国恢复正常生活。

令人遗憾的是，新特别法庭的一些德国人曾在第三帝国司法部任职，但这一点不可避免。因为截至 1946 年初，盟国已经积压了近 100 万例案件，所以几乎别无选择。面对如此巨大的工作量，为了加快处理严重的积压问题，一些前纳粹分子也参与进来，审理同胞的非纳粹化申请。

此外，盟国还颁布法律，以减少待决案件的数量。首先，所有在 1919 年 1 月 1 日以后出生、在战争结束时尚不满 26 岁的德国人会被自动豁免。接着，残疾人也得到了特赦。最后，在纳粹执政期间年收入低于 3 600 帝国马克的人也被免罪。由于卡佩休斯不属于以上 3 类人，所以他别无选择，只能接受非纳粹化处理。

1946 年 6 月 4 日，被英国人释放后仅仅过了 10 天，卡佩休斯就填写了申请表。这是他接受充分审讯的第一步，但是他在战时履历的 3 个重要方面撒了谎。在被问到是否加入过武装党卫军或其他任何纳粹组织时，他回答“否”。其次，他没有提到自己曾被派驻奥斯维辛，而是声称在柏林的中央医药总部担任“军事官员”。1943 年 8 月 16 日，他的军饷簿上内容如下：“（卡佩休斯）作为后备部队派驻中央医疗营，服务帝国党卫军和柏林 - 利希滕贝格警方。”虽然他不需要为调查问卷提供佐证，但如果有人逼问他在战时的服役经历，他准备拿出这条证据。

众所周知，去纳粹化特别法庭力不从心，所以卡佩休斯会撒谎也毫不奇怪。他认为，特别法庭资源匮乏，很难去仔细检查并核对每一条回答的准确性。他也知道，总有一天他会在法庭受审。另外，在被英国人羁押期间，他从一些牢狱律师那里获得了许多有用的信息。进进出出的囚犯也带来了最新消息，让他知道哪种辩护理由最行之有效，可以帮助自己在去纳粹化过程中得到完全赦免。

得知上述信息以后，卡佩休斯找到昔日的同事，请他们为自己出具证明信，供他在进行最终辩护时使用。在战后的德国，此类用于证明个人品行的信件非常普遍。德国人甚至为此发明了一个新词——Persilschein。Persil 是德国一种知名的洗衣粉“宝丝”，而 Persilschein 的字面含义是“宝丝标签”，意味着这些信件能够彻底洗刷某人与纳粹过去的关系，成为一种洗白证明。为了得到“宝丝标签”，卡佩休斯联系了许多人，包括战前罗马尼亚的牧师和他在法本 / 拜耳的上级。

事实上，卡佩休斯很清楚，伪造的“宝丝标签”在黑市上相当走俏。一些地下掮客会出售宣誓证词①，它们被仿造得足以以假乱真，其价格视罪行轻重而定。黑市甚至还在售卖伪造的去纳粹化证明，因为有人甘冒假证明被揭穿的风险也要彻底绕开特别法庭。对于那些急于在德国农村从事蓝领工作的低端技术人员或者普通列兵，这一招或许管用，但卡佩休斯不愿购买黑市的赝品。他是一名专业人士，希望能够恢复

①一种法律文件，里面陈述的事实与法律诉讼有关。它与宣誓书类似，但是不需要公证人签字、作证或盖章。——译者注

药店的生意。他一直梦想着有朝一日，能利用自己从奥斯维辛偷来的黄金，买下自己的药房。但卡佩休斯清楚，假如自己拿不到合法的无罪证明，这一切都不可能发生，而且因为随时都有暴露的可能，他也将惶惶不可终日。卡佩休斯可不想在德国过那样的生活，他的最终目标是早日与妻子和 3 个女儿团聚。

次月，即 1946 年 7 月，卡佩休斯来到巴特特尔茨的巴伐利亚小镇，拜访了好友施托费尔夫妇。这是战争结束后他们的首次见面。他愤愤不平地向两人抱怨说，自己仅仅因为曾在党卫军服役就处处受限。在他看来，特别法庭不仅浪费时间，而且毫无必要。卡佩休斯告诉施托费尔夫妇，他估计非纳粹化的过程十分缓慢，所以申请到斯图加特技术大学学习电子工程。

但是他在当年夏天就不得不把自己对非纳粹化的不满放在了一边。8 月 21 日，在卡佩休斯前往慕尼黑的路上，波兰幸存者利昂 · 杰卡尔斯基于中央火车站认出了他。杰卡尔斯基是一名政治犯，很早就被关押在奥斯维辛。1940 年 8 月，他作为 2955 号囚犯来到奥斯维辛，主要担任理发师一职。由于在集中营待了数年之久，他能够认出其中的许多党卫军，虽然他并不清楚这些人究竟犯下了哪些具体罪行。一看见卡佩休斯，杰卡尔斯基立即跑过公路凑近辨认。在确定自己没有看错后，他通知了美国军警（当时德国南部为美国占领区）。宪兵当天拘留了卡佩休斯，并向慕尼黑的美国反情报部办公室报告了此事。虽然英国人已经在自己的辖区确认武装党卫军的身份本身不是罪，但美国人没有采取这种宽大政策。

卡佩休斯翌日被转送达豪。美军将这座位于慕尼黑郊外的前纳粹集中营一分为二，改造成了临时的纳粹监狱和难民安置中心，并将名字更改为“达豪平民收容营”。卡佩休斯在那里登记后被提取了指纹。反情报部的两名探员威拉德·泽罗尔德和埃里希·茨格在等着审讯卡佩休斯。他们早前审讯了杰卡尔斯基，认为他的说法十分可信。

更为重要的是，他们已经拿到了两个月前卡佩休斯在接受非纳粹化处理时所填写的调查问卷的复印件。杰卡尔斯基还指认卡佩休斯在武装党卫军中的军衔是二级突击队大队长（少校），他在集中营的职务是药剂师。这两名探员立即注意到，在6月填写的调查问卷中，卡佩休斯根本没有提到武装党卫军或奥斯维辛。

他们命令卡佩休斯脱去上衣，发现了后者身上党卫军的血型文身，并且将其写进了“刑事调查逮捕报告”。此事是笔者首次在本书中披露的。正是这一物证证实了杰卡尔斯基的指控，他们拘留的男子至少是一名党卫军成员。随后，两名探员正式以“申请表作假”的理由逮捕了卡佩休斯。

经过几个小时的审讯，卡佩休斯终于承认了自己撒谎。为了取得卡佩休斯的书面供词，他们根据前者的德语口述打出了一份文件，文件仅有一页纸。卡佩休斯在这份声明中对自己的战时履历做出了简要但准确的描述，而本书在此首次公开这份声明。他承认：

> 1943年8月1日，我来到柏林的武装党卫军中央医疗营……我被武装党卫军提升为一级突击队中队长（上尉）。1943年11月，我被派驻达豪医疗营，为期3周，然后再次返回柏林。1944年2月，我被任命为奥斯维辛集中营的药房主管，并且一直担任此职至1945年1月20日。1944年11月，我被提升为二级突击队大队长（少校）。

他承认自己担任过二级突击队大队长，这一点非常关键，因为这是促使英美两国执行立即逮捕行动的最低军衔。

尽管如此，卡佩休斯还是试图淡化自己的党卫军经历：“我要强调，我从来都不是党卫军骷髅师的成员。”

随后，他简要讲述了前一年 5 月他是如何遭到英国人拘捕的。在反情报部审讯人员的坚决要求下，他供认了一件至关重要的事情。

“我承认，我在填写申请表的时候就自己的武装党卫军身份和军衔说了谎。”

为掩盖战时服役经历而撒下的弥天大谎突然被戳穿，着实令卡佩休斯尴尬和不快。至于美国人将如何处理这些涉案信息，当时他尚不得而知。

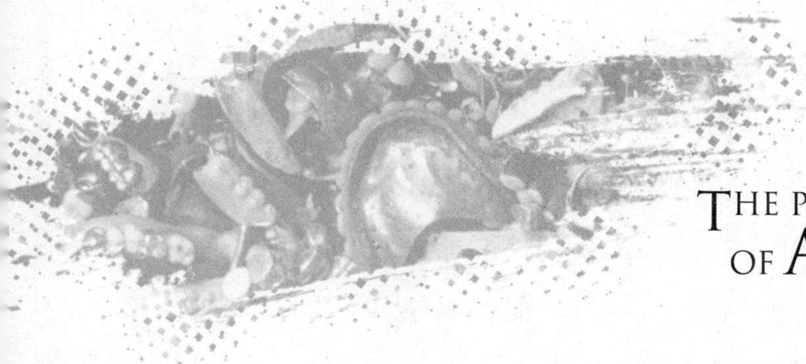

THE PHARMACIST OF AUSCHWITZ

| 第 14 章 |

“我到底犯了什么罪？”

虽然卡佩休斯很沮丧，自己在被英国人拘留了一年多之后，又遭到美国人逮捕，但是此时他完全清楚，比起第三帝国的许多高官和他的前上司与同事的遭遇，他的命运要好得多。例如，他的上级兼同事爱德华·维尔特医生是第一个欢迎他来到奥斯维辛的人，却在遭到英国人羁押的时候自缢身亡。（临死前，维尔特写信给妻子：“我到底犯了什么罪？我真的不知道！”）将卡佩休斯调往奥斯维辛医疗服务和营地卫生部门的主管恩诺·洛林也在被捕前开枪自杀。此前一年，指挥官鲁道夫·霍斯被英国人俘虏。在被处以绞刑之前，他向国际军事战争犯罪法庭供述了集中营里的累累暴行。英国人还绞死了奥斯维辛主要屠杀中心的负责人约瑟夫·克莱默。帝国安全总部负责人恩斯特·卡尔滕布伦纳和波兰占领区总督汉斯·弗兰克也将在10月接受绞刑，而奥斯维辛便位于波兰占领区内。

至于那些曾经和卡佩休斯共事的医生，他们的命运复杂多样。约瑟夫·门格勒和威廉·柯尼希被定为逃犯。弗里茨·克莱因被处以绞刑。

监管法本/拜耳用未经测试的药物在囚犯身上开展实验的赫尔穆特·费特尔医生也被处以极刑。在卡佩休斯的帮助下，用伊维巴进行实验的维尔纳·罗德医生将于下月被处决。卡尔·克劳伯格也开展过医学实验，并且曾向卡佩休斯吹嘘，“他的绝育方法已经臻于完善”，如今他正在苏联监狱里等候审理。汉斯·蒙希也在波兰监狱里等待审讯。

牙医威利·弗兰克和党卫军军士约瑟夫·克莱尔已被美国人拘捕，目前当局是否有足够的证据对他们提出诉讼还不得而知，两人正在等待美方的决定。被卡佩休斯称作“变态泼妇”的党卫军卫兵伊尔玛·格蕾泽已被英国人绞死。

在卡佩休斯的同事中，也有人运气不错。

9个月前，他的好友、牙医威利·萨茨被英国人释放，随后在汉诺威开了一家牙科诊所。奥特马尔·弗赖赫尔·冯·费许尔曾经是一名德国教授，掌管着柏林最著名的威廉皇帝学会人类学、人类遗传和优生学研究所，并且从奥斯维辛收到了许多人体标本，但是他仅被处以600帝国马克（240美元）罚款。如今费许尔担任的是明斯特医学院院长和德国人类学协会主席，他的事业重新变得一片光明。卡佩休斯在奥斯维辛的朋友罗兰·阿尔贝特不仅伪造了获释文件，而且向一名人脉广阔的奥地利律师行贿，确保自己的党卫军服役档案已经“丢失”。随后，他和家人悄悄溜走，来到蒂罗尔州阿尔卑斯山区风景如画的小镇库夫施泰因，成了一名私人宗教研究导师。

当然，卡佩休斯并不知道，这一切现象的背后隐藏着战胜国的激烈争论。要将大规模战争罪审判开展到何种严厉的程度？胜利者们各执己见。检察官和调查员的真实意图在于提出刑事指控，但是他们遇到了政治和后勤上的阻力。一开始，斯大林不希望进行庭审，而是要求直接枪毙 5 万名纳粹高官。他想以此伸张正义。但美英两国坚决主张，任何处决行为只有在被告接受审判之后才能进行，而且在接受审理的过程中，被告也应该得到自我辩护的机会。

最后，英美两国胜出，并从 1946 年起开展了一系列审讯。主要案件都放在德国南部的纽伦堡审理。然而敲定了拘留事项之后，各方为确认被指控对象再次争执不休。党卫军高级将领理应成为被告，但在德国商人是否需要承担刑事责任的问题上，人们莫衷一是。最终各方还是达成了妥协，将第三帝国的平民金融奇才亚尔马·沙赫特纳入纽伦堡的主要案件。

由于英美两国很快陷入与苏联的冷战，对哪些人提出战争罪指控的问题变得更加复杂。考虑到苏联将欧洲大部分地区和民主德国置于“铁幕”之后，有人提出，联邦德国的迅速复兴和强大对遏制斯大林的力量至关重要。在美英两国，那些反对开展大规模战争罪审讯的人们认为，如果将旧德国的政界高官和商界精英全部下狱，该国的重建能力势必会受到打击，从而无法成为防卫苏联侵略和共产主义扩张的壁垒。毫无疑问，许多人认为，在新成立的德意志联邦共和国中，那些曾经在第三帝国发迹的商人、法官乃至政客都应当重返工作岗位——无论这一点多么令人不快。不管是在联邦德国民众还是在一些同情联邦德国的英美人士当中，怨恨情绪都在日益增长。他们一致认为，去纳粹化行动已经走火入魔，演变成了某种形式的集体惩罚。

至于盟国的情报机构，他们关心的不是如何让纳粹为所犯罪行接受应有的惩罚，而是如何找到那些有助于战胜赤色威胁的人物。例如，美国秘密开展了大规模的“回形针行动”，在战后招募了700多名纳粹工程师和火箭科学家。

美英情报机构发现，苏联为了与他们一较高下，也制定了类似的计划，即“奥萨瓦基行动”，雇用纳粹的化学战、弹道学、医药学、科学和密码学专家。一些人被带回美国和英国进行审讯，包括前V-2火箭发明者韦纳·冯·布劳恩和赫尔曼·贝克-弗雷森博士在内的一些人后来虽然被判战争罪，却在那时为美国国家航空航天局工作。另一些人在华盛顿和伦敦找到了秘密职业。还有极少数人借由为纳粹特别开通的逃跑通道，前往南美洲和中东地区重获自由。

卡佩休斯并不具备此类价值。没有情报显示，他掌握着能够在初露端倪的冷战中克敌制胜的重要信息。盟国的情报机构不会为他提供逃离囹圄之灾的“免死金牌”，这个奥斯维辛的药剂师只能依靠自己绝处逢生。

在达豪，卡佩休斯感兴趣的不是上述政治新闻及其可能造成的影响，而是自己未来的命运如何。后来，他告诉好友施托费尔夫妇说，美国人“四处张贴他的照片，并且在上面写道：‘谁认识罗马尼亚裔党卫军药剂师维克多·卡佩休斯医生？谁能够指证他的罪行？’”笔者从前文提到的美军机密文件中发现，美军已经将他的信息与美国“战争罪主要嫌疑人名单”作了交叉核查，并且给他设置了有效的档案编号，但卡佩休斯对这些都一无所知。

1946年9月，为搜集卡佩休斯的更多相关信息，反情报部制定了一份“工作表”。与此同时，第3集团军总部下令，将他转移到160英里以外的路德维希堡高射炮兵营。这里曾经是德军的军营，战后被美军更名为74号平民收容所。这座军营恰好距离斯图加特不远。不久之前，卡佩休斯就是在斯图加特租下了一间公寓，而且要在那个辖区的特别法庭接受去纳粹化处理。仅1个月后，即10月14日，卡佩休斯被调回达豪。至于其中的原因，解密后的美军档案并没有说明。虽然从8月在慕尼黑被拘留后，他就一直处于美军的看管之下，但是他返回达豪后却再次被列为“立即逮捕”对象。因此，10月17日，他重新填写了一份长达6页、包括131个问题的调查问卷（此事也由本书首次披露）。

在他手写的回答中，卡佩休斯再次承认他曾就自己在武装党卫军服役的经历和军衔撒谎，并且供认自己是一名党卫军少校（二级突击队大队长），担任过奥斯维辛的主任药剂师。在被问及他是否曾经宣誓效忠某个组织时，他答道：“是，武装党卫军。”在有关“收入和财产”的部分，卡佩休斯写道，他在死亡营获得的薪水为9 000帝国马克，较战前在法本 / 拜耳的收入要高。

接着，在最后一页签署姓名和日期时，他在自己的名字旁边写下一则提醒：“上述细节系本人回忆，没有书面文件支持……本人提供的内容出自本人全部所知及道德良知。”

他的答卷取得了良好的效果。当时，埃里希·马尔古特中尉负责管理达豪的第9步兵师总部。11月8日，马尔古特中尉在其工作地向驻欧洲美军总部助理首长提交了一份两页的总结和建议。马尔古特在“调查结果”中得出了一条重要结论：“兹认为嫌疑人不足以构成安全威胁。”卡佩休斯后来告诉施托费尔夫妇，虽然美国人竭尽全力想要对他立案调查，但他们的努力都被挫败了，因为“没有人提出任何可以入罪的供述”。

1946年圣诞节前夕，军方将卡佩休斯调回路德维希堡，正式批准他在羁押期间开始接受去纳粹化处理，而他也已经开始收集能够证明他品行端正的“宝丝标签”。

1946年圣诞节前夜，他填写了第二份两页长的申请表（此事同样是首次在本书披露）。但是卡佩休斯没有将其交给俘虏他的美国人，而是径直交给了德国特别法庭，意在取代6月份他有意略去自己党卫军身份的那张申请表。然而，在这份新的调查问卷中，他还是修改了数月前向美国反情报部门供认的关键内容。虽然他提到了在武装党卫军服役的经历以及准确的军衔，但是仅仅将自己在战时的职务称为“药剂师”，并且没有提到“奥斯维辛”一词。

三天后，他又填写了另一份较为详细的申请表，这是他在短时间内完成的第四份调查问卷。这一次，他同样将其直接交给了德国人，也提到了自己的武装党卫军身份和军衔。但是在回答第二十九个问题时，他没有按照近期向美国人招供的内容如实作答。在10月份的调查表中，卡佩休斯曾承认自己在1944年是“奥斯维辛的主任药剂师，上级是维尔特医生”，而在这份新的表格里，他改口称自己为“柏林中央站的药剂师，上级是二级突击队大队长韦勒”。

这无疑是一次危险的赌博。一方面，卡佩休斯清楚，“奥斯维辛”一词足以在任何去纳粹化法庭上引起人们的注意。作为一名党卫军高级军官，在这座集中营任职的经历有可能摧毁他重返自由生活的所有机会。另一方面，他也知道，由于战俘人数众多，拘留营的美国官员不可能检查囚犯的每一封信，而只能对其进行随机抽查。如果他们读到这份新的调查问卷，并将其与卡佩休斯在10月份向反情报部招供的内容进行比较，他们会再次以“申请表作假”为由指控他。毫无疑问，如果他敢在美国官员的鼻子底下故技重施，一定会被关押更长时间。但他显然认为，与再次被揭穿造假行为相比，向联邦德国去纳粹化特别法庭提起“奥斯维辛”的风险更大。

1947 年 1 月 3 日，卡佩休斯向路德维希堡的公诉人寄去一封 4 页长的亲笔信。在本书披露的这封信中，他为自己辩护的重点是，他并不适用于去纳粹化法。卡佩休斯声称，他被迫成为一名“武装党卫军的外籍成员”，强调自己只接受过医学而非军事训练。他还辩称，按照纳粹的种族法，作为一个罗马尼亚人，他不可能成为党卫军的正式成员。他指出自己既没有党卫军编号，也没有加入纳粹党。他之所以希望担任药剂师，是为了“帮助那些受苦受难的人们，而不是违反希波克拉底的誓言”①。卡佩休斯还强调说，在布达佩斯，他曾经是某路德宗教会团体的负责人，当党卫军要求他离开教会时，他断然予以拒绝。此外，为了博得同情，他说自己在共产党统治的罗马尼亚已经“一无所有”，他的家人——父母、妻子和女儿们，都生活在“急难”之中。

“我不幸成为一名战俘，”他在信的结尾写道，而美国人羁押他的法律依据只是他的武装党卫军身份，但英国人早已不再使用这种分类方法。当然，他没有提到美国人拘留他的真正原因是一名奥斯维辛的幸存者指认了他，而且美国的审讯人员在拘押他的时候发现，他在之前的调查问卷中通过撒谎掩盖了自己在死亡营的工作经历。

卡佩休斯在信中附上了不少能够证实自己品行良好、为人正直的“宝丝标签”。在正式听证的日期被确定之前，他有权提交更多证明文件。他儿时的好友、战友和罗马尼亚随军牧师卡尔·海因茨·舒勒里也为他上交了“宝丝标签”，以证明他的确是一名品质端正的罗马尼亚公民。舒勒

① “希波克拉底誓言是古希腊医学之父希波克拉底向同行发出的职业道德倡议书，对西方医学界产生了深远影响。——译者注

里牧师表示，卡佩休斯“在加入武装党卫军时没有离开教会”，不仅与他“定期进行联系”，而且在战争期间“始终保持着基督教徒的世界观”。卡佩休斯过去在法本/拜耳的两名同事也证实说，他的工作令人“完全满意”。两人还强调，“他对于分配给他的每一项任务都会全力以赴、圆满完成”。

此外，卡佩休斯还完成了另一份较长的调查问卷，他把这份问卷与1月3日的信件一同呈交。令人不可思议的是，这是他在一周之内填写的第二份申请表。

他在这份表格中的回答与上一份如出一辙，但是他不确定上一份申请表是否会和上述信件以及证人的证词同时寄达。为了不耽搁自己的去纳粹化听证会，他再次冒险通过拘留营寄出了一份调查问卷。这一次，他不仅略去了奥斯维辛的工作经历，更是谎称自己只是在柏林医疗总部承担无足轻重的任务。

卡佩休斯的去纳粹化进程终于启动了，这至少是件让他高兴的事。听证会的日期定于1947年2月12日，他的听证档案在符腾堡-巴登的政治解放部创建。路德维希堡的检察官向美国军方出示了一份长达8页、与卡佩休斯这宗待判案件有关的总结。这份文件大体上对他的武装党卫军服役经历和军衔重申了指控，却根本没有提到有关奥斯维辛的内容。

5月2日，公诉人对卡佩休斯提出正式起诉，并将他归入情节最严重的“主犯”之列。这就意味着他有可能被处以极刑。这一诉状令他震惊，虽然这一指控出其不意，但是当他读完简短的公诉人案件总结后，顿时感到宽慰不少。卡佩休斯发现，他被划为主犯，主要的依据是他的党卫军身份和军衔。事实上，这份诉状声明：“控方认为，他的行为至少符合（最严重罪名的）其中一类，但是这一点未经证实。”

卡佩休斯立即意识到更关键的是什么。4个月前，他已经在写给检察官的信中声明了自己的要旨。

5 月 12 日，在被正式起诉仅 10 天后，他就打好了一封 4 页长的信件，为自己进行全力辩护。这封信的内容较之前更加完善和详尽。从中可以看出，在被英美羁押近两年的时间里，他对法律做过不少研究。他的口气有时候与其说是一个药剂师，不如说更像一个律师，比如他会援引“《去纳粹化法》第 3 章第 39 条：任何被迫提供医疗服务者均应被免除罪责”申明自己无罪。

卡佩休斯将重点放在该法案界定战犯的段落，辩称该法不适用于德裔罗马尼亚人。这位药剂师强调，他加入武装党卫军并非出于自愿，而是被强行征召。卡佩休斯还首次提出了一个令人难以置信的论点。他说他的家乡罗马尼亚的通信存在诸多限制，所以当他加入党卫军时，他对其罪恶本质一无所知。此外，他还补充说道，他“从种族上来看不适合”在党卫军的骷髅师服役，而该师是纳粹掌管死亡营的精锐部队。

卡佩休斯还指出，1944 年 11 月他之所以被提升为二级突击队大队长，不是因为他“积极服役”，而是因为罗马尼亚在年初对第三帝国倒戈相向后，卡佩休斯及其军中同胞失去了所有财产和存款，所以作为补偿，党卫军将全部德裔罗马尼亚人自动提拔。他说，这次晋升就像一颗“镇静丸”，只是为了平复他在战争中失去后方家园的痛苦。

他说美国人已经在达豪对他开展过调查，而且“免除了”他的所有罪名。

卡佩休斯还想尽办法让法庭知道，他从小成长在多元的文化环境中，因此理解和认同不同民族以及他们的思维方式。为了强调这一点，他还拙劣地举例说明，他曾经在犹太人的管理下进行学习与工作。他指出，在维也纳大学就读期间，他的第一导师是理查德 · 瓦西茨基博士，此人对他的博士论文做出了很高评价。“自1938年起，瓦西茨基博士在美国任教。当时，由于妻子被纳入‘纽伦堡法’的适用范围，他才离开了维也纳。”在法本，“我们的工作本质上与政治无关”，这一点可以由亚历山德罗·巴蒂努博士和莫里茨·舍雷尔作证，两人“均因为‘纽伦堡法’……于1939年离开了公司”。

卡佩休斯当时并不清楚巴蒂努和舍雷尔身在何方。这两人都是罗马尼亚犹太人，所以很可能在1944年的大规模驱逐中被流放到奥斯维辛。

为了突出自己的良好品行，卡佩休斯表示，他不仅从小在路德教会长大，而且在战争期间始终坚持自己的信仰。他说，他虽然未能每周参加弥撒，但仍是教会的一员。他还指出，他的3个女儿也已受洗入教。

卡佩休斯虽然罗列了种种细节，但是没有提到他担任党卫军期间的具体工作。众所周知，他是一名药剂师，但是他没有说明自己究竟在哪里供职。他的策略是，除非有人与他对质，否则他对奥斯维辛绝口不提。

卡佩休斯再次提交了多份“宝丝标签”，其中一份来自H. 科赫博士。后者证实卡佩休斯品行端正，而且与法本的犹太前同事相处融洽。

在详细的答辩书提交10天之后，卡佩休斯出现在一个由5名德国法官组成的小组面前。他没有聘请律师，而是要求自行辩护，咬定自己的假口供不肯松口。奇怪的是，没有人问到1944年他都干了些什么，所以他敢说自己被派往“中央医疗站”。

当天下午，法官宣判他无罪。他们彻底接受了卡佩休斯的说辞，这让他欣喜若狂。他们宣布，卡佩休斯是一名品行良善的路德宗教徒，被迫依照纳粹法律加入了党卫军，但他仅仅提供了医疗服务。卡佩休斯认为，这一裁决意味着他将很快被从拘留所释放，并将拿到可以让他重新开始生活的非纳粹化证明。直到5个星期后，即6月30日，约翰·奥斯汀上尉才代表美国军方正式处理德国特别法庭的裁决。

1947 年 8 月 2 日，卡佩休斯被从路德维希堡拘留营释放。他认为，两年来自己在盟军之间颠沛辗转的经历终于结束。的确，他不用再担心英国人和美国人。然而就在同一天，他吃惊地收到了政治解放部的指令。这是一个由盟军成立的德国准司法部门，以监督和复核去纳粹化案件。该部门有权成立特别上诉裁决小组，推翻之前的庭审结果。这一次，他们推翻了卡佩休斯的无罪判决。新的裁决对他是否符合豁免条件，即“在遭到某种程度的强迫下行医”提出了质疑。法庭表示，这一条件只适用于如下情况，即“该医生不是犯罪组织成员，只是被迫奉命从事医疗检查”。政治解放部认为，卡佩休斯“是为了服兵役，而非因为医疗需要被武装党卫军征召”。

该部将他的档案发回新的法庭重新听证，并且“要求提交有关个人政治倾向的辩解材料。在缺少相关材料的情况下，我们根据他被顺利擢升为二级突击队大队长一事，怀疑他符合被列为主犯的条件。”

虽然卡佩休斯已经获释，但是这次挫折令他十分恼火。关于他战时服役经历的一切本来即将结束，现在他却不得不面临下一轮诉讼。

这张罕见的战前照片大约摄于 1928 年。21 岁的维克多 · 卡佩休斯（最左）与博姆一家正在家乡罗马尼亚锡吉什瓦拉的公共游泳池旁休憩。8 岁的艾拉（卡佩休斯身旁）亲切地称他为“药剂师叔叔”。坐在最右边的是儿科医生吉塞拉 · 博姆。（奥斯维辛庭审证据）

在 1943 年加入武装党卫军前，卡佩休斯曾在 I.G. 法本下属的罗马尼亚制药公司担任销售代表。总部位于法兰克福的法本是全球第四大联合企业，也是希特勒和第三帝国必不可少的伙伴。许多像卡佩休斯一样的药剂师都希望到拜耳工作。该公司的科学实验室有 4 位诺贝尔化学和医学奖得主，这是一个惊人的纪录。（由联邦德国档案馆提供，黑森广播公司拍摄）

法本史无前例地为奥斯维辛 3 号营斥资 10 亿帝国马克（大约相当于 2015 年的 550 亿美元）。这座庞大的工厂占地数平方英里，耗电量甚至超过柏林。在工厂的 300 000 个强制劳工中，约有 25 000 人被活活累死。（亚德 · 韦谢姆大屠杀纪念馆）

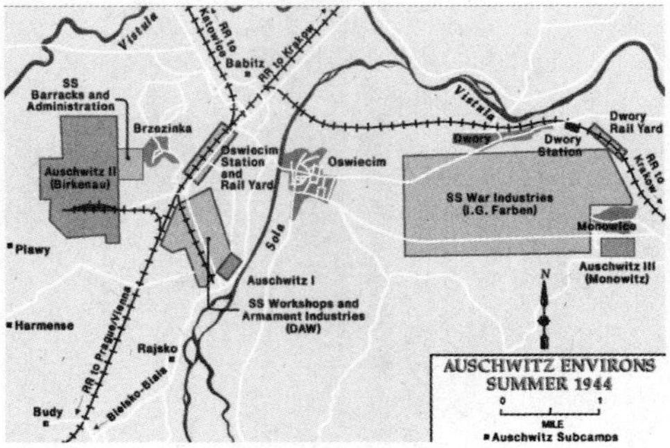

当卡佩休斯来到奥斯维辛时，这座集中营占地 15 平方英里，由 3 座主营地组成，其规模之大令人咋舌。最先建立的奥斯维辛 1 号营的大多数设施被当做行政管理中心，但它的第 10 区从事医学实验。奥斯维辛 2 号营（比克瑙）关押了大部分囚犯，也是毒气室的所在地。奥斯维辛 3 号营（莫诺维茨）是 I.G. 法本的奴隶营。（美国大屠杀纪念馆）

I.G. 法本在合成油和橡胶方面的先进技术和专利对希特勒实现德国军事自给自足的梦想至关重要，因此法本在奥斯维辛旁建立了一座规模巨大的制造厂。1941 年，党卫军头子海因里希 · 希姆莱（左二）在施工现场会见了法本的工程师。（亚德 · 韦谢姆大屠杀纪念馆）

党卫军负责在奥斯维辛一号营和工地之间运输囚犯。从建筑工地到奥斯维辛营房约有 4 英里。图为女囚集中后前往工作地点。（美国大屠杀纪念馆）

火车载着欧洲各地的犹太人驶入奥斯维辛 2 号营比克瑙后，卡佩休斯等党卫军医生将在站台上决定他们的生死。在这张罕见的照片中，党卫军已经将新来的囚犯分为男女两队。（亚德 · 韦谢姆大屠杀纪念馆）

新来的犹太人的个人物品被运往比克瑙的大型仓库，由囚犯进行分拣。钞票、钻石和珠宝往往会被犹太人缝进大衣、裙子和西服的内层，或者藏进护肤霜或润肤露的瓶子里，甚至是手提箱的暗格里。纳粹很快便轻车熟路，知道这些受害者会把金银财宝藏在哪里。（亚德 · 韦谢姆大屠杀纪念馆）

图为囚犯从奥斯维辛 1 号营列队前往 2 号营莫诺维茨，这是当时仅有的少量照片之一。纳粹要求凡是在当天凌晨 4 点点名后离开集中营的强制劳工，必须在晚上返回原地。如果有人在劳动中丧生，劳工们要拖着他们的尸体，返回狱室集合，以便纳粹清点死尸的数目。（美国大屠杀纪念馆）

被流放到奥斯维辛的犹太人每人最多只能携带110磅个人物品。在纳粹占领东欧后，他们以为自己会被重新安置到这些国家的劳动营，因此随身携带着贵重物品，并将其藏匿起来，以免被纳粹发现。在站台上，这些行李被堆积在火车旁。（亚德·韦谢姆大屠杀纪念馆）

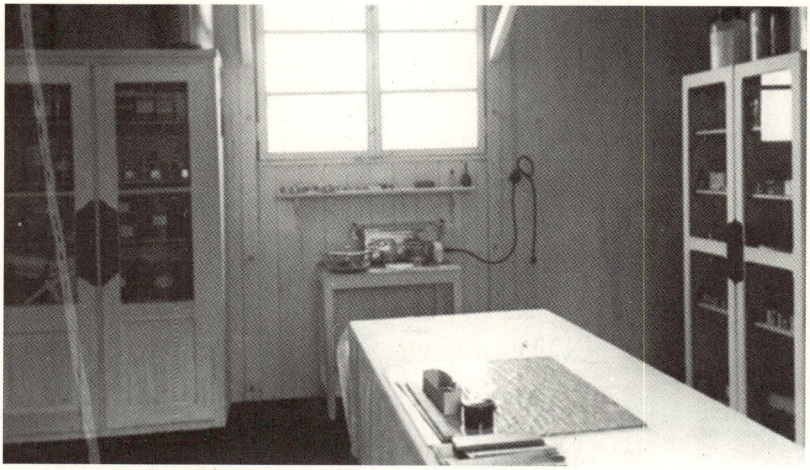

图为卡佩休斯和其他医生的标准工作间，奥斯维辛的医院和诊所区相对独立。1940 年，奥斯维辛建立了第一座医院。但是当卡佩休斯到来时，这里增加了囚犯病房、党卫军门诊诊所、牙医室和配药房。这座医院被囚犯们戏称为“火葬场的候客室”。（亚德·韦谢姆大屠杀纪念馆）

作为主任药剂师，卡佩休斯负责储存齐克隆 B。这种氰化物杀虫剂最初用于囚犯营房和衣物消毒，后来被用于在集中营的毒气室屠杀犯人。持有齐克隆 B 专利的公司由卡佩休斯的前任雇主法本经营。随着奥斯维辛对这种杀虫剂的需求不断飙升，法本公司从中大发横财。（维基共享资源）

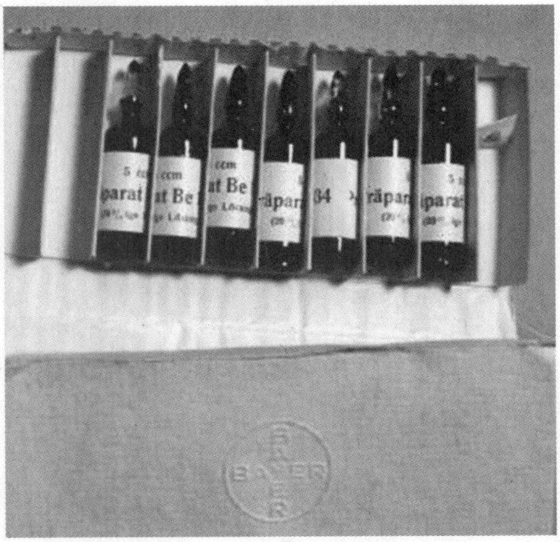

卡佩休斯的部分职责是配发药剂和药品，包括法本和拜耳的试验性制剂。这两家公司出资购买被党卫军医生当作人体小白鼠的囚犯。由于药物会产生严重的副作用，大部分囚犯不是死亡就是饱受痛苦。其中最可怕的一系列实验是对拜耳 B-1034 制剂的测试，这是用于治疗斑疹伤寒的试验性药物。（奥斯维辛 - 比克瑙纪念馆）

卡佩休斯经常在周末到附近德裔罗马尼亚人的家中消遣。其中一个人叫阿明 · 伦普，也是一个药剂师，他的药店就在奥斯维辛镇上。（亚德 · 韦谢姆大屠杀纪念馆）

集中营有两名牙医——威利·弗兰克和威利·萨茨医生，他们的诊所与卡佩休斯的药房在一栋楼里。囚犯当中的牙医要执行一项令人毛骨悚然的任务，拔掉从毒气室拖出的所有尸体的假牙，而上面的镶牙金由上述两名牙医负责存放。奥斯维辛每天会从金币、金表、金烟盒和金首饰上掠取65至75磅黄金，镶牙金只是其中的一部分。（美国大屠杀纪念馆）

许多被分配到奥斯维辛的党卫军都会定期到索拉营休假。这个度假地点鲜为人知。它位于索拉河畔，距离营地 18 英里。1944 年夏，营地副官、二级突击队中队长卡尔 – 弗里德里希 · 霍克汇集了一部令人不寒而栗的相册。照片里的党卫军纵情欢歌宴饮，氛围与他们的工作地点——死亡营天差地别。(美国大屠杀纪念馆)

由于镶牙金存放在药房顶层的大号手提箱内，卡佩休斯和两个牙医禁不住诱惑，开始顺手牵羊，并偷偷寄给营地外的亲属。卡佩休斯手下的一个囚犯医生回忆说："卡佩休斯走到手提箱旁边。皮箱里装满了牙齿，有的上面还连着下颌、牙龈和骨头。它们已经开始腐烂，散发出阵阵恶臭……（卡佩休斯）伸手开始在这堆臭烘烘的牙齿里翻寻。他拽出一副义齿，大概是想估一下价。我吓得连忙跑开了。"（亚德·韦谢姆大屠杀纪念馆）

1947年，当美国人释放卡佩休斯时，他的战前雇主I.G.法本的24名高级管理人员开始接受审理，其中包括齐克隆B制造公司的3名董事。另一名董事也因批准为奥斯维辛开展的部分医学实验提供资金而受审。最后，法本的10名高层人员被宣判无罪，其他人被从轻发落，并且最后获得减刑。这一消息使卡佩休斯及其党卫军同事如释重负。（美国大屠杀纪念馆）

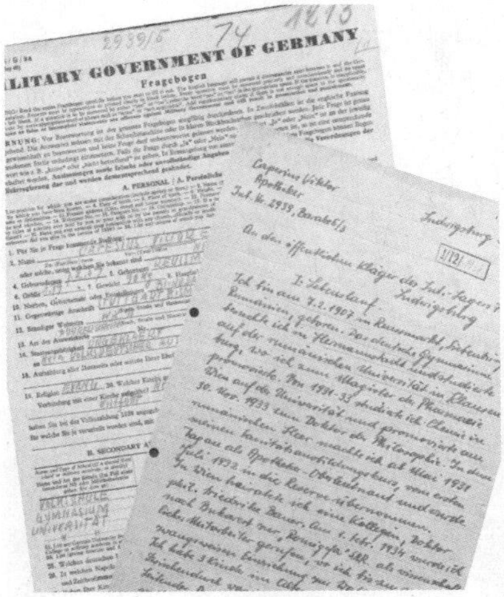

LITARY GOVERNMENT OF GERMANY

Fragebogen

1945年5月5日，英军在德国北部拘留了卡佩休斯，但是一年后将其释放，没有提出任何正式指控。1946年8月，美军在接到一名奥斯维辛幸存者的举报后，于慕尼黑逮捕了卡佩休斯。由于未能搜集到足够的证据，美军也在一年后将其释放。1947年，卡佩休斯不得不在德国特别法庭接受去纳粹化检查，后者有权确定那些为第三帝国效力的人是否有罪。在英美两国设计的一系列调查问卷以及向特别法庭提交的亲笔信中，卡佩休斯多次略去自己在奥斯维辛的服役经历或者就此事说谎。（联邦德国档案馆）

20世纪50年代，卡佩休斯认为，他已经成功地逃脱了法庭对他在奥斯维辛所犯罪行的惩罚。但他并不知道，还有两个人正在立案调查包括他在内的前纳粹分子。赫尔曼·朗本曾经作为一名囚犯在奥斯维辛主任医师的办公室任职。战争结束后，他成立了最大的幸存者组织。他在寻找证人、录取口供和督促联邦德国当局公布纳粹分子档案的过程中百折不挠。（奥伯鲁塞尔市辛德勒摄影公司）

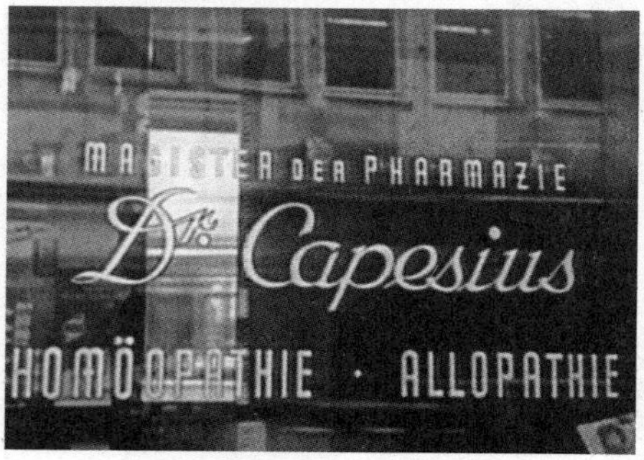

卡佩休斯从奥斯维辛盗窃了大量镶牙金。1950 年，他用这笔钱在德国小镇格平根开设了自己的药店（上左图，图中德语意为“市场药店”）。1952 年，药店收入颇丰，于是他又在附近的村庄开办了一家生意兴隆的美容所（上右图）。美容所的广告语是：“卡佩休斯为您妙手回春。”（北德意志广播公司影片剧照，《凶手就在我们中间》）

弗里茨·鲍尔法官曾在一座德国集中营被关押了一段较短的时间。1956年，他成了该国有史以来第一位犹太人检察长，积极致力于战争罪的调查。他的目标是找到一大批曾经在奥斯维辛服役的党卫军高级军官，从而对“最终解决方案”的罪行展开一场公开审判。(奥伯鲁塞尔市辛德勒摄影公司)

每一个被告的前方都有一个编号标牌，便于证人指认他们。18号卡佩休斯是唯一一个经常在法庭上戴着墨镜的被告。(埃朗·施泰因贝尔格提供)

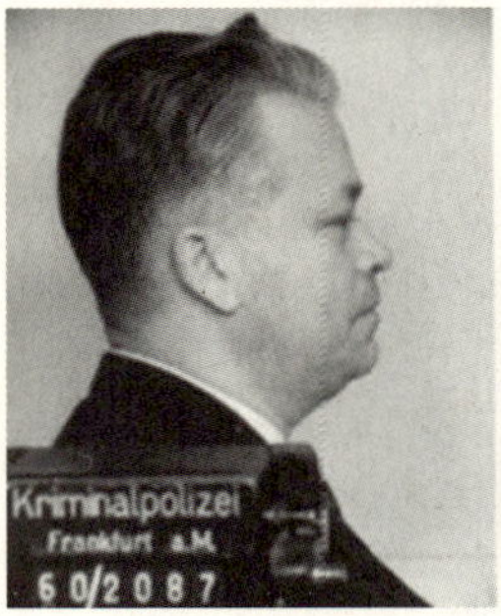

卡佩休斯（上图）聘请了两位知名律师，为自己在法兰克福审判中辩护。汉斯·拉特恩泽尔（左图）曾在纽伦堡最主要的战争罪案件中为德军最高统帅部辩护。他的初级合伙人弗里茨·施泰因埃克尔（右图）是前纳粹党员，此人也曾为在逃党卫军医生约瑟夫·门格勒的家人代理案件。（奥伯鲁塞尔市辛德勒摄影公司）

当时，伯纳带着妻子和三个女儿，其中两个是双胞胎。在抵达奥斯维辛集中营之后的一个小时内，他的家人就被毒气毒死了。（黑森广播公司提供）

法庭上的许多旁听者很震惊，卡佩休斯是唯一一个时常面带微笑甚至开怀大笑的被告，即使在如山铁证面前他也依旧如此。审判即将结束时，他试图为自己这种奇怪的行为向法庭辩解，他说自己只是“无意识地发笑”。（黑森广播公司提供）

法兰克福审判持续了20个月，法庭听取了19个国家359名证人的证词。其中最激动的证言来自罗马尼亚医生莫里提乌斯·伯纳。战前，他曾经从卡佩休斯那里购买拜耳的药品。1944年5月，伯纳一家被驱逐到奥斯维辛。他在站台认出了卡佩休斯，恳求后者保护自己的家人，但最终不过是白费力气。（黑森广播公司提供）

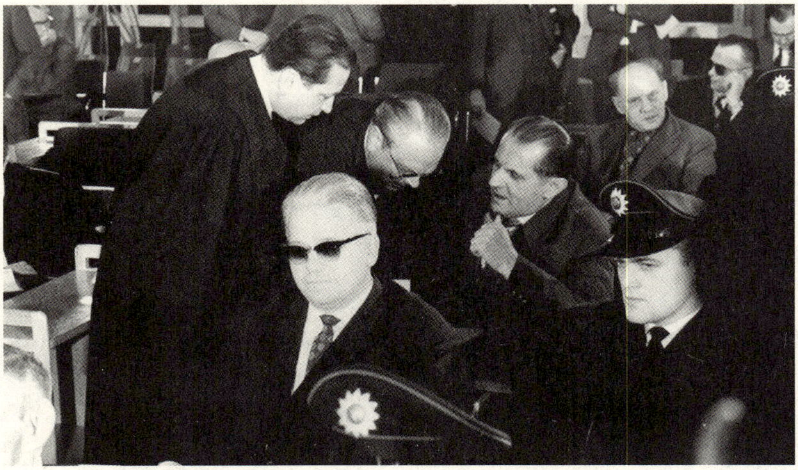

1965年8月19日，卡佩休斯被判处情节较轻的“协从谋杀罪”，刑期是9年。但是两年半后他就被释放了，英雄般地回到了他居住的德国小镇。（奥伯鲁塞尔市辛德勒摄影公司）

在卡佩休斯获释前一年，他的首席原告赫尔曼·朗本（左三）被以色列亚德·韦谢姆大屠杀纪念馆表彰为“国际义人”。该奖项专门褒奖那些在二战期间冒着生命危险救助犹太人的非犹太人士。（亚德·韦谢姆大屠杀纪念馆）

THE PHARMACIST OF AUSCHWITZ

第 15 章

一问三不知

虽然来自盟国和去纳粹化程序的调查旷日持久，但是卡佩休斯在获释几天以后就完全意识到，他的法律问题与他战前雇主 I.G. 法本的高层人员相比可谓小巫见大巫。就在获释当月，他正好注意到纽伦堡的第六起重大战争罪案件也拉开了审判序幕，它就是“美国对卡尔·克劳赫等人的起诉”。

对法本应该作何处理，美国、英国和苏联展开了激烈的内部辩论。法本是全球第四大企业，几乎单枪匹马为纳粹发动战争提供补给，并且从中大发横财。法本的辩护者不在少数。其中许多人辩称，该公司只不过是一个由顶尖科学家和发明者组成的群体，让他们为纳粹的罪行负责是十分荒唐可笑的。一些英美人士也对法本表示同情。还有少数人直言不讳地说，截至 1947 年，早期庭审伸张正义的做法已经被犹太人的报复心理所代替。这一观点使这一问题变得更加复杂。密西西比州共和党众议员约翰·兰金表示，待审的法本案件是“可耻的”。他说：“在战争结束两年半后，当其他所有国家纷纷金盆洗手，退出这场恣意的迫害时，一群少数族裔仍在纽伦堡坐镇，不仅要以美国的名义绞死德国的士兵，还要审判德国的商人。”

然而，有些人因为调查了法本的历史及其在二战期间的关键作用，所以很清楚该公司与希特勒沆瀣一气，是后者强大、狂热的合作伙伴。因此，对这一事实的否认至少是不诚实的行为，往严重的方面说就是刻意欺瞒大众。特尔福德·泰勒准将代替最高法院大法官罗伯特·杰克逊担任美国战争罪最高检察官，他直言不讳地指出，法本的上上下下就像“一帮魔术师，是他们把《我的奋斗》这个噩梦变成了现实”。

德怀特·艾森豪威尔将军在前一年签署了一份报告。该报告认为，考虑到法本对纳粹不可或缺的作用，战胜国应当摧毁法本所有的军工制造，查抄它剩余的财产，然后平分。至于如何实现这一目标，人们直到案件开始审理的那一刻还在争执不休。

在一份长达 60 页的起诉书中，法本的 24 名高级行政人员遭到指控。这份起诉书提出了“发动侵略战争”“掠夺和抢劫”“奴役和大屠杀”等罪项。被告包括法本的董事会主席卡尔·克劳赫以及董事弗里茨·特·梅尔、奥托·安布罗斯、海因里希·布特费施、克里斯蒂安·施奈德和瓦尔特·杜费尔德，这些人都或多或少监管过莫诺维茨。此外，受审者还有海因里希·赫勒因、威廉·曼恩和卡尔·伍斯特医生，因为这 3 名化学家是齐克隆 B 的制造商德格施公司的董事（曼恩是其战时的董事会主席）。

审判于 1946 年 8 月 27 日开始。一年前，对纳粹高级官员主要案件的审理曾在这栋楼的二楼法庭上高潮迭起。卡尔 · 克劳赫由于为第三帝国做出了杰出贡献，曾被希特勒亲自授予骑士十字勋章。他现在所处的位置正是当时赫尔曼 · 戈林的座席。3 位知名的美国法官坐在审判席上。300 个观众位座无虚席，就连新闻记者席也人满为患。这场审判关系重大，因为被告有可能被处以极刑。

小特尔福德 · 泰勒 33 岁的代表约书亚 · 杜波依斯承认，法本这群才华横溢的科学家与起诉书中的指控之间存在着一种辩证关系："这 24 位天才改变了全球的面貌。他们是欧洲最出类拔萃的人物，掌管着一家名为 I.G. 法本的企业……最主要的战争罪犯不是纳粹的狂热分子，而是这些 I.G. 法本的化学家。如果不能揭露这些罪犯的罪行，如果不能对他们进行惩罚，那么即使希特勒仍然在世，他对未来世界和平构成的危害也不会比这些科学家所代表的威胁更大。"

在战争期间，杜波依斯在美国财政部致力于追踪、冻结和查抄纳粹金融资产的事业。因此，他是法本研究专家。法本的方方面面，包括不计其数的子公司、幽灵公司、国外信托资产以及合股商号等等都被他所熟知。正是受到上述研究的影响，他决定一开始就指控该公司与希特勒相互勾结，"发动了一场侵略战争"。为了坐实这一点，杜波依斯需要从大量枯燥的文件、组织机构图、专利许可证和极其琐碎的公司报告中间找到证据。

法庭上的许多旁听者认为，审判法本是一个错误的策略。就连杜波依斯的同事也就起诉法本意见不一。初级检察官伊曼纽尔 · 明斯科夫认为："我们应当从奥斯维辛着手。"但杜波依斯不为所动。几个星期后，詹姆斯 · 莫里斯法官在法官席上发话："检察官先生，据现有记录显示，该机构只是一家大型化学、贸易和商业公司，而此类机构遍及全世界……我完全无法理解，此类文件对于指控有什么作用。在本案中，如此众多的合约、备忘录和信函似乎算不上什么证据，反而拖慢了审理的速度。”到了这个时候再改变策略已经太迟。

法本的被告并不怎么在乎检察官一开始指控他们的罪名，而是早已暗中商定了策略，避免承认任何有可能累及自身的事情。即使是 I.G. 法本在奥斯维辛的负责人也一口咬定，他们没有看到任何异常情况。他们这种逃避责任的行为起到了非常关键的作用，给整整一代德国人树立了榜样，因为其他德国人也纷纷宣称，他们对消灭犹太人的事情一无所知。

随着审判的继续进行，有时候这些被告似乎在争先恐后地宣称自己所知的比别人更少。

奥托·安布罗斯最先为法本的莫诺维茨工厂在波兰找到了合适的厂址，但他发誓自己从来没有想到，纳粹会从附近的集中营里调用强制劳工。在寄给法本董事会的一份备忘录中，安布罗斯描述了他造访奥斯维辛时的情形：“集中营的制度真是可怕。这对囚犯来说简直是种折磨。”杜波依斯援引了这份备忘录，以说明安布罗斯清楚营地里正在发生恐怖的事情。但安布罗斯辩称说，他的本意并非如此。他只是反感“(囚犯们的)平头……这就是我所说的折磨”。

接着，安布罗斯再次出尔反尔。他曾在信中吹嘘，自己“有望与党卫军建立新的友谊”，但是现在却声称，他在纽伦堡审判之前并不知道党卫军会通过筛选来决定囚犯的生死。至于在莫诺维茨的强制劳工中间普遍出现的营养不良现象，安布罗斯表示，这一定是因为“食物在经过厨房时被不公正地分配给囚犯”。那么他为什么会说，他有一次在营地入口处看到了一座焚化场？“有人告诉我说，如果营地里有人意外死去，他就会在那里被火化。仅此而已。”

检察官向安布罗斯出示了许多党卫军虐待莫诺维茨建筑工人的证据，但安布罗斯表示这是他第一次听说此事。尽管他先后 18 次到过那里，他却仍然抗辩道：“我只是一名化学家……我认为，你总不可能让化学家去阅读每一份建筑报告。”那为什么有许多文件将安布罗斯列为项目经理？“我是业务经理，但那只是一个名誉称号。”

弗里茨·特·梅尔是法兰克福总部的董事和莫诺维茨化工厂的负责人之一。他声称他“记不清”安布罗斯是否提到过附近的奥斯维辛以及这座集中营在供应强制劳工的事情。1943 年，特·梅尔到奥斯维辛 3 号营视察（这是他第 3 次造访奥斯维辛），但是他说他不记得看见过什么瞭望塔。他甚至也无法对工人的情况做出描述，因为“我是在下午抵达营地的，当时人们（囚犯）正在工地工作，都不在营地，所以那里才没有什么人”。

问他是否见过奥斯维辛的主焚化场？“见过，”特·梅尔答道，“有人告诉我说，如果有人死亡，尸体就是在那里火化的。”那么他见过奥斯维辛巨大的烟囱吗？“我记不得了。”

就 1943 年 1 月在莫诺维茨参加建设会议一事，法本合成机油厂的人事部主任克里斯蒂安·施奈德给出了详尽的证词。据他供述，他看到的所有囚犯都“情况良好”。一次，有人将他带进一个宽敞的房间里，“一些员工和外籍人士正共进午餐，我尝了尝他们的食物，味道还不错”。施奈德声称，在法本所属的德国工厂里，他没有看到过任何异常现象。“如果那里发生过什么不同寻常的事情，我应该会记得，”他在作证时说。

海因里希·布特费施是法本在合成油方面的高级专家之一，是他首次向希姆莱提出正式申请，使用奥斯维辛的囚犯充当奴工。除了在 I.G. 奥斯维辛担任重要角色外，他还是党卫军一级突击队大队长（中校）。他的证词和同事们如出一辙，声称自己曾多次造访莫诺维茨及其子营地，发现工人们总是健康强壮、营养良好。他不记得有人在寄给他的备忘录中提到，成千上万名工人缺少清洗设备。他还表示，建立停尸间“纯粹是出于公共卫生的考虑”。至于他究竟到过 I.G. 奥斯维辛多少次，他声称自己无法回答，因为他在战时的差旅记录也恰好遗失不见了。

另外 3 个被告——海因里希·赫勒因、威廉·曼恩和卡尔·伍斯特医生——都是法本的科学家，也是齐克隆 B 的制造商德格施公司的战时董事。值得注意的是，他们的证词高度一致。他们记得“东欧国家发生过虫灾”。但是有没有人在出售这种杀虫剂给党卫军之前去除了其中的眼刺激剂和警示标签，他们并不记得。作为德格施公司的商人，他们表示自己并不留意具体的技术细节。然而实际上，曼恩是一名制药经理，赫勒因是法本化学研究主管和拜耳制药实验室的前任主管，而伍斯特是 I.G. 奥斯维辛化工厂的主管。这样的证词辱没了他们的专业。他们也忘记了，1943 年齐克隆 B 占德格施公司销售额的 70%，其中 90% 的齐克隆 B 都卖给了奥斯维辛。

为了使人们对公诉人案件的准确性产生怀疑，辩方律师提交了 386 份宣誓证词，其中一些来自曾经驻扎在奥斯维辛并且已经被判有罪的纳粹分子。辩方试图利用这些证词说明，被告并不清楚或者没有批准过这些滔天罪行。因为涉及奴工而被判犯有战争罪的陆军元帅埃哈德·米尔希和企业巨头弗里德里希·弗利克在作证时称，法本被告的战时行为具有“法律必要性”，因为他们如果拒不执行纳粹的命令就会遭到逮捕和监禁。

杜波依斯检察官对法本辩护的要点作了如下总结：“这些法本董事对

此（最终解决方案）一无所知。负责选址（莫诺维茨）的两人和负责建厂的那个人也一无所知。从希姆莱那里购买囚犯的那个人虽然搬到了奥斯维辛，但是同样一问三不知。负责奥斯维辛员工福利的董事还是毫不知情。第五至第八名董事是德格施公司的主管，而正是该公司将齐克隆 B 运往奥斯维辛，他们还领导着运送斑疹伤寒疫苗和药品的机构，但是同样什么都不知道。"

就在法本审判中的这出戏剧化一幕结束之时，卡佩休斯已经权衡利弊，在斯图加特聘请了一名律师——鲁道夫·潘德尔博士。二战期间，潘德尔律师成为德军情报机构阿勃维尔的一名中校，并于 1942 至 1943 年奉命驻扎在布加勒斯特。1945 年，他也遭到美国人拘留，在被详细盘问之后于次年获释。随后，潘德尔重操旧业，继续从事法律工作，并很快声名鹊起。作为一位精明的律师，他深谙去纳粹化检查的微妙之处。

1947 年 10 月 7 日，潘德尔在另一次特别法庭庭审中露面。他声称卡佩休斯应当被依法宣判无罪，而初审法庭已经做出了正确的裁决。潘德尔表示，撤销这一裁决是错误的做法，因为政治解放部误以为卡佩休斯有可能是党卫军的作战军官。根据去纳粹化法第 3 章第 39 款，任何被强征从事医疗服务的人员均应被免除罪责。

两天以后，卡佩休斯在另外 5 名法官面前出庭申辩。他对自己要说的话早已烂熟于心。他特别强调自己信仰路德教，并且从未加入过纳粹党。在战时服役经历的问题上，卡佩休斯认定了一点，除非法官不可避免地问及奥斯维辛，否则绝不提起这个地方。潘德尔告诉他，他的这个直觉是对的。

被问到战争期间的服役经过时，卡佩休斯轻描淡写地表示："1943 年 9 月 1 日，我在受训后来到柏林的中央医疗站担任药剂师，负责在药房配发药品。”他说，随后他一直待在那里，直到1945年4月战争结束。

法庭没有拿到1946年10月卡佩休斯向美国人递交的调查问卷。在这份问卷中，他承认自己在奥斯维辛工作过。同样也没有一个法官问起，他是否曾经被派驻到某座集中营。

同一天，即1947年10月9日，卡佩休斯的去纳粹化检查终于结束。特别法庭再次宣判他无罪释放。这份判决书如果能由潘德尔执笔，恐怕再好不过。

“受审人”已经“明确证实”是被“强征加入武装党卫军”的，因此“不能被视作犯罪组织成员”。法庭甚至接受了卡佩休斯的辩词，认为他“在种族上属于第III类（东方类型）”，因此不符合真正成为党卫军成员的条件。法庭还听信了他的谎言，断定他“不是党卫军的积极分子，也不是战地秘密警察或边境警察”。反之，他“唯一的”任务是在“柏林的中央医疗站提供医疗服务”。在那里，他只是履行自己的职责，为各个部队配发药品。

卡佩休斯于1946年8月被美国人释放后，在斯图加特一直行事低调。如今，他已经拿到了正式的非纳粹化证明，可以不受限制地在德国执业。于是他在斯图加特的雷特尔斯堡药店找到了一份工作，担任助理药剂师。

这是一家家族经营的小药店，店主是一位名叫莫妮卡·拉夫的女士。她很高兴看到卡佩休斯从德国法庭拿到了正式许可文件。与大多数德国人一样，她对自己的雇员在战争期间的经历毫无兴趣。

当卡佩休斯迈出重获新生的第一步时，法本的审判也于1948年5月28日结束。在这152天里，法庭一共询问了近200名证人，接受了

3 000 份宣誓书和 6 000 件证据，做了长达 16 000 页的审判笔录。就在法官权衡证据的同时，西方与苏联的冷战不断升级，有关消息每天都会出现在各大报纸的头版。共产党夺取了捷克斯洛伐克的政权，而在法本审判结束的那一周，苏联人于西柏林设置了路障。越来越多的人认为，如果在二战结束 3 年后，继续大张旗鼓地起诉纳粹的罪行，那么他们将难以承受这种人力和物力的浪费，何况联邦德国已经发生了转变，从不共戴天的敌国一跃成为至关重要的盟友。

两个月后，法官做出了裁决。这份判决将决定德国工业巨头是否不用再为纳粹罪行承担责任。

审判长柯蒂斯·谢克在法官席上宣读了多项裁决。第一项和第四项罪名分别是发动侵略战争罪和阴谋罪。它们均不适用于所有被告。第二项控告是掠夺财产和协助驱逐被占领国人民，但 23 名被告中有 14 人被撤销了这项控罪。第三项指控最具爆炸性影响力，那就是使用强制劳工和开展大屠杀。法庭驳回辩方"法律必要性"的辩护观点，判处 4 个与 I.G. 奥斯维辛存在直接关系的被告犯有这项控罪，他们分别是克劳赫、安布罗斯、杜费尔德和特·梅尔。

令检察官们感到惊愕的是，有 10 名被告不仅逃脱了罪责，而且几乎没有受到任何谴责，其中包括威廉·曼恩医生。此人是齐克隆 B 的制造商德格施公司在战时的董事长，并且亲自批准法本向约瑟夫·门格勒在奥斯维辛开展的医学实验提供资金。

当法官宣读刑罚时，控方再次受到了沉重打击。杜波依斯认为，法庭很可能不会将任何一个被告处以极刑，因此他要求的处罚从 20 年徒刑到终身监禁不等。但结果其中刑期最长的安布罗斯和杜费尔德也仅被判处 8 年有期徒刑。其余 5 名犯有战争罪的被告刑期还不足 2 年。

此外，法庭还将犯人等候审理的时间计入刑期。杜波依斯及其团队怒不可遏地离开了法院。“这么短的刑期就连偷鸡贼都会心里乐开花的。”他忍不住抱怨道。

THE PHARMACIST OF AUSCHWITZ

| 第 16 章 |

“经济奇迹”掩盖罪恶

卡佩休斯一边开始规划人生的新篇章，一边密切关注着法庭对法本高层的判刑结果。1949 年，他从小型单元房搬往格平根的高档社区“春季大道”，花 50 000 德国马克（约合 2015 年的 205 000 美元）购置了一套三居室公寓。格平根是一座小镇，位于斯图加特市外 30 英里。如果有人注意到以下这一点，他们一定会感到惊异：卡佩休斯已经与家人失散，在罗马尼亚的存款也荡然无存，他怎么可能会如此富有？他曾经告诉拘捕自己的美国人、英国人以及德国去纳粹化特别法庭，他“在罗马尼亚被占领期间”损失了大约 2 万帝国马克的全部资产。幸运的是，没有人问起他是从哪里拿到这笔钱的。直到后来，联邦德国检察官才意识到，卡佩休斯一定于战后与弗兰克和萨茨医生在格平根碰过头。这三个人设法取回了他们从集中营偷走的黄金，再平分了赃物。他一直想要用这些黄金在战后开始新的生活，而他也的确做到了这一点。1950 年，他从巴登 - 符腾堡州拿到了药剂师经营药店的许可证，然后出资 150 000 马克在格平根买下一间肉铺，并很快将其改造成一家一流的药店。当年 10 月 5 日，他的市场药店开张了。

对于人生能够迅速重回正轨，卡佩休斯颇为欣然。但令他感到惊讶的是，法本高层的命运也很快发生了巨大反转。就在市场药店开业几个月后，联邦德国报纸的头版纷纷报道，法本公司的战时董事长卡尔·克劳赫没有服完 8 年刑期，而是入狱不到 2 年即被释放。由于有联邦德国人向法庭请求对 70% 的纳粹罪犯宽大处理及减免刑罚，所以美国高级专员约翰·麦克罗伊做出回应，批准那些和克劳赫一起受到指控的同事也提前获释。当这些法本前任董事走出兰茨贝格监狱时，一群记者迎上前去。弗里茨·特·梅尔不无讽刺地指出，美国和共产主义中国在亚洲就朝鲜半岛一事陷入僵局。他说：“现在中国人在朝鲜占了上风，所以美国变得友善多了。”

卡佩休斯十分羡慕他们。这些人已经被审判定罪，但是他们的职业生涯在战后的联邦德国并没有受到太大破坏。尽管盟国一开始禁止战犯重操旧业，但他们还是做起了老本行。卡尔·克劳赫成了胡尔斯化学股份公司的董事，而且收入丰厚。胡尔斯化学公司曾经是法本的子公司，在合成橡胶生产方面的作用至关重要。法本前执行总裁赫尔曼·施密茨成了莱茵钢铁公司的董事会主席以及柏林一家银行的董事。海因里希·布特费施担任鲁尔化学公司的董事。在战争期间为法本管理阿克发公司的弗里茨·加耶夫斯基历任联邦德国 3 家化学公司的董事会主席。德格施前任董事威廉·曼恩和海因里希·赫勒因加入了拜耳的董事会。I.G. 奥斯维辛的汽油生产主管克里斯蒂安·施奈德在数家欧洲化学财团担任高薪顾问。为 I.G. 奥斯维辛选址的奥托·安布罗斯不仅是格兰泰化工厂的董事会主席，还是其他 6 家联邦德国知名化工企业的董事。此外，法本外国情报间谍的主管马克斯·伊尔格纳在波恩成了一个成功的政治说客。

1949 年，联合企业法本仍处于盟国的监管之下，并于 1951 年正式解散。巧合的是就在同一年，一名犹太幸存者首次提起民事诉讼，为从事强迫劳动要求赔偿。最终，5 855 名受害者分别得到了 1 250 美元至 8 500 美元（约合 2015 年的 8 800 美元至 60 000 美元）不等的赔偿款。

法本解体后被拆分为 4 家大型企业。拜耳由于规模巨大，一跃成为全球 10 大制药公司之一；阿克发是成像产品的头号制造商；巴斯夫公司成了全球最大的化工企业；赫斯特化学科学企业集团则立即成为联邦德国利润最高的公司之一。前法本资深高管从战争罪刑罚中解脱后，还有谁比他们更适合经营这些公司呢？弗里茨·特·梅尔是唯一一个在两项战争罪指控上均被判有罪的被告，如今却成了拜耳公司位高权重的董事会主席。卡尔·伍斯特出任了巴斯夫董事会主席和联邦德国化学工业协会主席。法本的首席工程师弗里德里希·约内被任命为赫斯特的董事会主席。

法本高级官员的东山再起令那些试图将他们绳之以法的人五味杂陈。杜波依斯后来哀叹道，美英两国在冷战中出于对苏联的恐惧，开始利用“二战期间的德国企业家，而这些人在战时无异于身着西装的将军”。

随着法本的前任董事卷土重来，卡佩休斯及其党卫军同事产生了一种虚假的安全感，认为人们声讨纳粹罪行的巅峰时期已经一去不复返。卡佩休斯不用再整天担心，自己会因奥斯维辛的服役经历遭到指控，唯一需要关注的就是他的生意以及如何将家人带到联邦德国来。这种专注给他带来了巨大的成功。1952 年，他依靠从市场药店积攒的资金，在罗伊特林根开了一家现代化的美容所，这座小镇也在斯图加特附近。美容所的广告语是 :“卡佩休斯为您妙手回春”。

他写信给弗莉琪，告诉妻子自己生意兴隆，而她也相信，自己爱上的这个男人雄心勃勃，一定能够依靠自己的才智和学识在新德国飞黄腾达。她向朋友们预言，他们全家在联邦德国团圆只是时间问题。弗莉琪希望这一天能早日到来，因为孩子们已经为他这个声名狼藉的纳粹父亲付出了代价。17 岁的女儿梅莉塔由于“政治上的原因”被一所机械工程学校（蒂米什瓦拉理工大学）开除。

20 世纪 50 年代的联邦德国经济繁荣，卡佩休斯被格平根的人们视作这一背景下的一个成功案例。十年来的“经济奇迹”使普通德国人的收入和购买力几乎翻了一番。随着这个国家正从满目疮痍的城市和被摧毁的基础设施中重建，所有联邦德国人都本能地不会去追问，某个人在战争期间做过什么，而卡佩休斯正是得益于这一心照不宣的原则。

50 年代中叶，市场药店的年利润为 425 000 帝国马克（约合当时的 100 000 美元），店里共有 15 名雇员。卡佩休斯热衷于打猎，因此在奥地利租下了一座狩猎小屋，还不惜大把花钱到非洲狩猎。在格平根，新结交的朋友们都觉得他十分迷人，而他也经常出入上流社交圈。卡佩休斯加入了网球、骑术、打猎俱乐部，甚至还参加了一个合唱团。就在此时他向红十字会递交了请愿书，恳请后者出于人道主义精神帮助他的妻子和孩子离开罗马尼亚。尽管该组织偶尔会成功地协助那些被铁幕分离的家人团圆，但卡佩休斯为了力求保险，专门拿出一部分资金，将其投入了所谓的“家人赎回”项目。“家人赎回”本质上是一个法律计划，项目组的工作人员会贿赂手中拮据的共产党官员，让他们批准国民移居西方国家。卡佩休斯清楚，这个过程可能很长，但他相信他和家人最终会再次团聚。

舆论在第二次世界大战问题上的转变也使卡佩休斯备受鼓舞。过去，卡佩休斯的一些奥斯维辛前同事在盟国主导审理的案件中被判处死刑。但是现在，公众对战争罪的看法已经与以前的态度大相径庭。审判结束后，一些联邦德国民众认为，战争罪的指控纯粹是胜利者的政治报复，因此他们普遍对被指控者抱有同情。1955 年 5 月，美国和英国将司法系统的操控权完全交还联邦德国，而新司法部门下达的首批指令之一，就是将被判有罪而刑期不足 3 年的纳粹分子立即释放。从此以后，起诉纳粹罪行的全部责任都落在了联邦德国法院和检察官身上。许多曾经为第三帝国效力的法官也回到了法官席上，他们中间没有一人因为曾在臭名昭著的“人民法庭”任职而被指控犯罪。

一年以后，德国联邦议会取消了最严重的两类罪名——反人类罪和促成大屠杀战争罪，但盟国的审判正是依靠这个罪项才得以进行。联邦德国议会裁定，这两类罪名属于美英制定的事后法。联邦德国方面认为，如果一项法条在罪行发生时并不存在，那么没有人应该被据此定罪。另外，联邦德国议会还废除了死刑。联邦德国在战后的第一位总理康拉德·阿登纳认为，与其将这些前纳粹分子排除在新德国之外，不如让他们融入其中，这一点十分重要。他在内阁中接纳了一些知名的前纳粹党官员，其中最引人注目的是曾经开展种族清洗的特奥多尔·奥伯兰德。某民主德国法庭于 1960 年以战争罪判处奥伯兰德终身监禁后，他才被迫辞职。

不出所料，上述情况使正式调查纳粹罪行的案件数量急剧下降。在战争结束后的前 4 年间，盟国一共将 4 419 名纳粹分子定罪。然而到了

1955 年，也就是联邦德国完全掌控本国司法系统的第一年，仅有 21 人被判决有罪。公开调查案件的数量也从 1950 年的 2 000 件锐减到 50 年代中期的不足 200 件。其中的问题不仅因为新的调查很难启动，更是因为 50 年代时，前纳粹分子即便遭到指控，他们被判无罪的比例也高达 80% 左右。

这种自由放任的态度令卡佩休斯宽慰不少。然而，他和其他未被定罪的党卫军同事并不知道，危机已经隐隐浮现。

二战期间，弗里茨·鲍尔法官曾被短暂关押在一座德国集中营里，后来平安流亡到瑞典和丹麦。1956 年，52 岁的鲍尔从布伦瑞克市的州检察官办公室调往法兰克福，被任命为战后联邦德国首位犹太首席检察官。瑞典大主教拉尔斯·利杰对鲍尔十分熟悉。他断定，在严肃系统地追捕和起诉纳粹凶手的法官中，鲍尔将居于其中首要地位。

对于自己的犹太人身份，鲍尔尽量轻描淡写，但是不可否认，他对战争罪的调查充满了热忱。这在联邦德国司法系统内部引起了激烈争论。鲍尔发现自己很快卷入了这场纷争。一些同僚对他重点追查纳粹分子的做法不屑一顾，认为这纯属鲁莽多余之举。还有人散布谣言称他是同性恋，而这种身份在当时的联邦德国仍属违法。拉迪斯拉斯·法拉格是一位美国作家，出版了大量有关二战的著述。他在写到鲍尔时做了如下表述："他遭到了前纳粹分子和新纳粹分子的强烈仇恨，那些主张既往不咎的人们对他一再发难，而他的下属当中也有相当一部分人对他潜藏着敌意。他们把他看作一个不切实际的空想家，一个复仇心切的犹太人，一个咄咄逼人、脾气暴躁的老家伙。他们觉得这个人到了应该让理智占据上风的时候却无法控制住情绪。"

鲍尔清楚，各地对纳粹分子展开的调查往往缺乏条理和系统，敷衍了事，有时候还枯燥冗长，因此检察官很难对那些罪犯提出重大指控。一些州检察官办公室里人员短缺，无法彻底调查较为复杂的案件。还有一些检察官根本无意声讨纳粹，认为他们只是历史的遗迹。鲍尔相信，要想解决这个问题，必定要设立一个中央办公室，以搜集有关信息，然后将这些证据确凿、条理完善的案件发给地方检察官。1958 年 10 月 1 日，他的建议变成了现实。联邦德国各州的司法部一致同意，在路德维希堡设立“国家司法部纳粹暴力犯罪调查中央办公室”。

这次鲜为人知的机构改革似乎意义不大，而且也没有取得立竿见影的效果。但是在随后数年中，调查案件的数量从 400 宗猛增到 6 000 宗。有关一个人的档案也积累得越来越多，这个人就是“维克多·卡佩休斯”。

THE PHARMACIST OF AUSCHWITZ

| 第 17 章 |

问心无愧：嫌犯的自白

鲍尔并不是唯一一个向纳粹追讨正义的法官。引起卡佩休斯及其前党卫军同事担忧的还有赫尔曼·朗本。他曾经是奥斯维辛的囚犯，在主任医师办公室担任助理。到了战后，将这座集中营里的罪犯绳之以法成了他毕生的事业。他在奥斯维辛有着别人难以企及的机会去观看大屠杀的全景。他的办公室位于焚化场的入口之上，因此他时常俯瞰到大批囚犯被塞进毒气室，随后他们的尸体被特遣队拖出。1952 年，朗本参与创建了当时最大的幸存者组织——国际奥斯维辛委员会（IAC）。他意志坚定，奔赴十几个国家寻找证人、录取供词，甚至有时充当业余侦探追捕纳粹逃犯。50 年代末，朗本就纳粹在奥斯维辛所犯罪行积累了世界上最多的私人证据档案。朗本告诉联邦德国的检察官，他想要控告的人都满手鲜血。卡佩休斯的名字就出现在他的一份包括几十人的名单上。

1958 年，一系列事件促使朗本和检察官们走到了一起。3 月 1 日，奥斯维辛的囚犯头阿道夫·罗格纳向斯图加特的检察官寄去一封信。他在信中写道，党卫军军官威廉·博格虐待成性，曾在营地里发明了一套毒打囚犯的刑具，并且以自己的名字为它命名。但是现在，此人正堂而皇之地住在斯图加特，担任一家飞机制造厂的检查员。1945 年，他在乘坐火车前往波兰接受审判的时候逃之夭夭，这是人们最后一次见到博格。

检察官对信中内容的准确性感到怀疑。罗格纳曾多次由于虚假指控纳粹罪行而遭到逮捕。当这封信寄出时,他正因为作伪证在狱中服刑。罗格纳提供的这条信息一开始就失去了说服力，因为检察官不仅不信任他，而且还认为他是一个“复仇心切的精神病”。尽管如此，警方还是为罗格纳录下了口供。最后，他们得出结论：罗格纳根据他公寓中的大量书籍杜撰出了有关奥斯维辛的事件，而且他的这些所作所为只是想博人眼球而已。他们不确定是否有必要调查罗格纳提供的另外两条线索：奥斯维辛的几名党卫军军官目前在联邦德国定居，而且使用的是真名实姓。

但是罗格纳不仅写信给斯图加特的检察官，而且明智地将原始情报寄给了朗本和国际奥斯维辛委员会。当朗本向检察官问起博格一案的侦办情况时，他们担心自己会给大屠杀幸存者留下不尽力追捕战犯的印象，所以仓促下令继续彻查此案。朗本不只忧虑检察官效率低下，还担心有人会向博格走漏风声，让他再次逃走。

为了加快调查速度，朗本在当年夏天提交了十几个证人的证词。但是直到 1958 年 10 月 8 日，警方才逮捕了博格。依照联邦德国的法律，如果某人疑似犯有重罪而且存在潜逃的可能，检察官有权在审判前羁押这个嫌犯。在案件调查期间，嫌犯可以一直被拘留到刑事审判开始。

“我问心无愧，否则早就逃走了，”博格在被捕后说。他的妻子告诉记者，她曾经和丈夫一起住在奥斯维辛。“我无法相信他会做出他们所说的事情。他怎么可能屠杀儿童？他也有自己的孩子呀。”

与此同时，法兰克福的一名记者向弗里茨·鲍尔送去一些文件，之前它们被一名幸存者发现。里面列出了 37 名党卫军的姓名，这些人参与处决了试图从奥斯维辛逃跑的囚犯。鲍尔依靠这些文件，开始自行调查此事。他请求卡尔斯鲁厄的联邦法院批准，无论被告在联邦德国何地被捕，所有与奥斯维辛相关的罪行均由他所在的办公室提出起诉。最高法院批准这项动议后，博格在斯图加特的档案被调往法兰克福，交到了鲍尔手中。

1959 年 4 月，鲍尔下令逮捕 3 名党卫军——佩里·布罗德、克劳斯·迪莱夫斯基和汉斯·施塔克。这些人曾在奥斯维辛担任博格手下的盖世太保，目前用真名住在联邦德国。6 月，当他继续调查纳粹罪行时，弗莱堡的一名法官起诉了逃犯约瑟夫·门格勒，控告他犯有谋杀罪。这位法官正是赫尔曼·朗本，他向来不遗余力地提出这类指控。

次月，鲍尔再次采取行动。7 月 21 日，他逮捕了奥斯瓦尔德·卡杜克军士，联邦德国《明镜》周刊将其称作奥斯维辛“最残忍、野蛮和下流的党卫军之一”。1947 年，卡杜克被苏联军事法庭判处 25 年劳役徒刑，但是他在 1956 年提前获释。鲍尔找到他时，他正在西柏林的一家医院担任护士。同一天，警方逮捕了鲍尔追踪到的另外两个纳粹分子——奥斯维辛卫队队长弗兰茨·霍夫曼和囚犯头海因里希·比朔夫。

朗本和鲍尔取得的进展鼓舞了许多人，他们纷纷加入捉拿纳粹罪犯的行动当中。1959 年底，世界犹太人大会呼吁奥斯维辛的所有幸存者挺身而出指认施暴者。鲍尔也在十几家国际知名报刊上发表公开信，寻找目击证人。那些希望向世人讲述自身经历的幸存者们很快做出了回应，他们的信件像雪片般飞往检察官办公室和国际奥斯维辛委员会。

在联邦德国，前纳粹分子被捕的消息属于重大新闻。博格在斯图加特出生、被抓，而这座城市是卡佩休斯在战争刚结束时的定居地，与他药店的所在地格平根相距不远。这一切对卡佩休斯来说不是什么好事。但更惊人的是，约阿希姆·库格勒和乔治·弗里德里希·福格尔在当年 4 月对卡佩休斯展开了正式的刑事调查。他们二人都是鲍尔启用的两名年轻检察官。库格勒后来坦承，这次调查进行得“极为艰难”。

当警方在同年夏天通知卡佩休斯接受讯问时，这个奥斯维辛的药剂师才得知这起针对他的调查。当局认为卡佩休斯似乎一片茫然。他就住在谁都能找到的地方，而且根本没有打算逃跑。他后来向所有问及此事的人们表示，正因为他是无辜的，他才没有东躲西藏。就连他的朋友们也认为，他并不怎么关心最近一系列事情的变化。

实际上，卡佩休斯的内心远比表面的样子紧张。他请求一位朋友的内兄汉斯·艾斯勒帮忙寻找奥斯维辛的一些党卫军成员，以及被他优待的几名囚犯药剂师，希望他们为自己提供无罪申明。卡佩休斯认为这么做更有利于为自己辩护。艾斯勒发誓为他保密。卡佩休斯说，一旦这件事被公之于众，他就否认自己知情（后来他也的确这样做了）。随后卡佩休斯向艾斯勒支付了 50 000 帝国马克的巨款（约合 12 000 美元，相当于美国工人家庭平均月薪的 4 倍）。

艾斯勒的第一步就出师不利。他首先找到斐迪南·格罗希家中，后者不仅是奥斯维辛的犹太囚犯药剂师，而且早在卡佩休斯担任拜耳的药品推销员时就认识他。战争爆发前，格罗希在特尔古穆列什的一家药店工作。他曾经告诉朗本，卡佩休斯“在我们的药店经常一待就是几个小时”。既然格罗希曾经以“卡佩休斯的宠儿”自居，也许他会在生死关头对卡佩休斯伸出援手。“我把艾斯勒赶了出去，”格罗希后来回忆道，“无论是否出于偶然，他救了我的命，但我也不能忘记，还有成千上万人被他挑出来送进毒气室杀死，这种行为罪无可恕。”

卡佩休斯建议艾斯勒去寻找那些较为友善的证人，例如施托费尔夫妇和伦普一家。他们都是德意志人，卡佩休斯在奥斯维辛任职期间，每逢闲暇都会造访他们的住处。艾斯勒来到施托费尔家中，后来还邀请他们夫妇俩到卡佩休斯在奥地利的狩猎小屋打猎度假。艾斯勒让他们“试着回忆一下，然后把发生过的所有事情写下来”。

1959 年 12 月 4 日一早，维克多·卡佩休斯像往日一样，在 9 点 30 分之前几分钟来到药店门前。一开始，他没有注意到门外有两人正在等候，但是这两个人立即挡住了他的去路，亮出鲍尔办公室调查员的身份。不等卡佩休斯说话，两人便将其逮捕，告诉他这是调查拘留。

卡佩休斯顿时目瞪口呆。令人不可思议的是，尽管他在奥斯维辛的 6 个党卫军同事已经遭到逮捕，但他从未想过自己也会大难临头。他一再否认自己在集中营的所作所为，因而以为博格等人的遭遇不会发生在自己身上。

两名调查员将卡佩休斯押到了格平根的地方法院。高级法官 A. 德鲁肯穆勒和公诉人约阿希姆·库格勒正在等候。法官把逮捕令上的主要指控告诉卡佩休斯。他们认为，卡佩休斯“和党卫军医生门格勒一起，实施及监督实施了站台上的挑选活动。他们还在营地里筛选囚犯，管理和提供杀人毒剂齐克隆 B 和苯酚”。此外，这次调查还将确定他是否参与了致命的医学实验。

卡佩休斯在传讯期间有权保持沉默。库格勒问他是否愿意接受询问，做宣誓证词。卡佩休斯虽然没有聘请律师，但还是自信地同意了。不过，他之所以一口答应，倒不是因为狂妄自大。尽管这将是他首次公开谈起自己在奥斯维辛的经历，但是多年来他早已深思熟虑，清楚自己在这种情况下应该说些什么。他知道，只要把事情稍加歪曲和阐释就可以顺利地为自己进行辩护。因此他煞费苦心，弱化自己在死亡营里的作用和职权，以免承担任何个人责任。除了径直作答以外，在某些情况下，他必须断然否认指控，或者对控告人的可靠性提出质疑。

库格勒首先向卡佩休斯问起他的求学经历、战前他在法本 / 拜耳的工作情况以及战后被美国人和英国人拘留的过往。询问这些是为了让卡佩休斯感到放松，而他看起来也的确泰然自若。在谈到加入武装党卫军的话题时，他的说法和他在 12 年前接受去纳粹化调查时的解释如出一辙：“这些都是身不由己。”他一语带过为期 6 周的党卫军训练，不痛不痒地表示，那些培训主要是为了“做好配药工作”。他还轻描淡写地说到刚开始被派往达豪集中营的经历，声称自己“与这座营地毫无关系”，只是“在接到命令后”，向武装党卫军的作战部队提供药品。

至于奥斯维辛，卡佩休斯说，1944 年 2 月他的前任阿道夫·克罗默在他抵达营地两个月后去世，随后他被任命为主任药剂师，但是他在 1944 年圣诞节离开了那里。

库格勒让卡佩休斯谈一谈他在营地里做过什么。在阐述自己的职责时，卡佩休斯强调，作为药剂师，他负责“向党卫军和囚犯供给所有药品”。这就是说，他要“经常带着一辆救护车，到比克瑙的站台上去取药……那里有一堆手提箱，医疗设备也已经放在那里。在站台上，一名身穿制服的人会把东西交给我”。他声称，有时候他不去站台上取东西，而是将这项任务交给两名低级军官。

只要一有可能，他就会给自己贴金：“我会尽量为药房里雇用的囚犯着想。我设法为他们弄来额外的食物，他们会悄悄在阁楼上做饭。”在接受审问期间，他还讲述了一件有利于自己的事情，尽管此事的真实性存疑。他吹嘘说，奥斯维辛能够消除斑疹伤寒的危害，主要得益于他。1944 年春，主任医师维尔特医生派他到柏林的中央军事医院，拜访好友约瑟夫·贝克尔医生。卡佩休斯说，维尔特“命令我购买 70 支治疗斑疹伤寒的药剂”。但是他和贝克尔擅自做主，将订购数量增加了 1 000 倍，即 70 000 支药剂。“4 年来，斑疹伤寒闹得人心惶惶，”卡佩休斯供述，“这种传染病在囚犯当中再次爆发。我根据需要在营地里配发药剂……2 个月后，斑疹伤寒被彻底消除。”

卡佩休斯清楚，审讯者很难证明上述说法的真伪。维尔特和贝克尔均已身亡，柏林中央军事医院的大部分记录也已在战争结束前的盟军地毯式轰炸中被毁。但是大多数情况下，卡佩休斯尽量避免说得过于详细。在接受去纳粹化听证期间，他明白了一个道理，那就是他供述的信息越明确，检察官就越容易发现其中的矛盾或错误。

库格勒可不会轻易让卡佩休斯控制审讯的走向和气氛。他拿来一大摞文件和档案盒，取出一本名为《我在奥斯维辛当医生》的书。这本书很薄，作者是吉塞拉·博姆。此人也是一名犹太囚犯，曾在门格勒医生手下担任医生。战争爆发前，她是罗马尼亚锡盖特的一名儿科大夫。她在这本 189 页的书中详细描述了门格勒在奥斯维辛开展医学实验的恐怖景象，也多次提到卡佩休斯。1943年，当卡佩休斯还在法本/拜耳担任推销员时，曾经给博姆打过推销电话，所以博姆从那时起就认识他。1944年春，她和家人被赶进运畜车厢。来到奥斯维辛之后，她认出了站台上的卡佩休斯。当时，她不清楚卡佩休斯身旁的那个人是谁，但是后来知道那就是门格勒，因为她被派往门格勒手下工作。新来的囚犯组成了一列长长的队伍，卡佩休斯和门格勒两人就站在队伍的最前端。他们将博姆和弟弟分到右边，将她的父亲分到左边再送入毒气室处死。

库格勒读起了书中的内容：

“犹太医生出列！”营地的主任医师门格勒下令，“我们要修建一座医院。”

我和其他一些人走上前去，面对主任医师身旁的卡佩休斯医生站好。我之前自杀未遂，当时身体才刚刚复原。我被剃了头，褴褛的衣衫遮不住虚弱的身体。刹那间，我简直不敢相信自己的眼睛。就在此刻，我仿佛回到了家中，只见儿子将小提琴夹在颌下，丈夫和客人（卡佩休斯）正听得入神。这幅画面不断在我眼前浮现，而此时卡佩休斯正面露阴郁的微笑，然后我昏了过去。等到我苏醒过来的时候，我已经躺在营房的地板上了。有人命令我立即向卡佩休斯医生报到。

他从头到脚打量着我，再次微微一笑。当他开始说话时，他的声音冷冰冰的，充满了嘲弄。我感到十分厌恶，以至于一开始听不懂他在说些什么。但是随着他的声音不断回响，我很快恢复了意识。

“现在你就是营地的妇科医生了，”他咆哮道，“不用操心设备的事……这里根本就没有。你的医药箱归我了，还有你那块独特的腕表，我一直很喜欢……我还拿走了你的证件，反正你今后也用不着。你可以走了。”

从此以后，我再也没有见过他。

显然，博姆的这段描述让卡佩休斯猝不及防。

“我不记得这个女人，吉塞拉·博姆医生，”他沉默了片刻缓缓说道：“尽管我不想声称自己不认识她。”但是很久以后，为了诋毁博姆，卡佩休斯告诉一名记者：“门格勒需要胚胎（进行研究）……所以博姆做过很多次流产手术，直到他们得到了一个满意的活体胚胎”。事实上，当博姆得知“他们（母亲和新生儿）被带到研究区充当人体小白鼠，然后被丢进焚化场时，我决定再也不让奥斯维辛出现一名孕妇……到了晚上，我仅用脏兮兮的双手在肮脏的地板上……做了数百次流产手术。没有人知道，结束这些胎儿的生命对我来说意味着什么，但是如果我不这样做，母亲和孩子都会被残忍地杀害”。

卡佩休斯再次陷入沉默，竭力想要恢复镇静。片刻之前，他还信誓旦旦地说自己不认识博姆，但是现在他突然否认自己“从她那里拿走过任何东西。我可以肯定，我不会将囚犯的任何物品据为己有，尤其是腕表。”

接着，他开始矢口否认所有事情。“我从未在比克瑙的站台上挑选过囚犯，”他声称，“我之前说过，当我们去拿药时，站台上的确站着许许多多的囚犯。有党卫军在那里挑选囚犯时，我偶尔也在场。我可以远远听到有人下令‘左边’‘右边’，但是我从未参与其中。”

随后，卡佩休斯为了开脱罪行说出了后来屡次出现的一个主要辩护理由。他声称奥斯维辛的主任医师派他到比克瑙挑选囚犯时，他曾经极力反对：

> 有一次，营地的维尔特医生告诉我说，我必须参与挑选囚犯。我记得当时还是1944年夏或者夏末。我记得，他之所以下达这样的命令，是因为当时工作量太大，所有人都要参与其中（当时有数十万匈牙利犹太人抵达奥斯维辛）。当我向维尔特医生解释说，我不想这样做，而且这也不是我的责任时，他变得怒不可遏，并且告诉我说他是这里级别最高的官员，如果我胆敢不听，他就会跳过法律程序将我枪毙。因为害怕他会枪毙我，我没有继续拒绝这项任务。我们的关系之所以很不好，还有一个原因，那就是我从来不和其他党卫军军官一起参加酒宴。当时我虽然也会开车前往比克瑙，但是过不了多久，我总是会设法离开他们。我唯一关心的事情就是医药。

"卡佩休斯医生，你的说法似乎很难让人相信，"库格勒对他说，"刚才你还说过，装有药品的行李箱经过分拣后由身穿制服的人交给你。此外，考虑到大批新来的囚犯会被送入毒气室处死，你的上级需要你在站台上帮忙，所以我们很难相信你没有和其他医生一起执行任务。这一点你怎么解释？"

"这并不矛盾，"卡佩休斯接口道，"在这些医生当中，有人因为从事这项工作而感到压抑，所以开始酗酒。为了能够得到一瓶烈酒，他们什么都愿意做，所以我会买来烈酒贿赂他们。"

"这些医生都是谁？"

“他们的姓名我都记不清了，可能是罗德医生或者门格勒医生。其中一个人肩宽背厚、身材魁梧，仿佛巨人一般。”（卡佩休斯后来表示，门格勒身高 5 英尺 4 英寸，比他还矮 4 英寸，肯定不是什么“巨人”。这两种说法显然相互矛盾。）

“你多久会贿赂他们一次？”库格勒问。

“只有一次，维尔特医生要我参与囚犯挑选。我经常会拿烈酒给其他医生。在那种情况下，我之所以会那么做（贿赂他们），是为了不用参加筛选。到时候我会暗示其他医生，我不能筛选囚犯，如果他愿意帮我的话，作为回报我会送给他一瓶烈酒。”

库格勒换了个话题。

“你是否参与过齐克隆 B 的事情？”

“没有，”卡佩休斯斩钉截铁地回答。

库格勒又拿出几份文件。伊格纳齐·高立克是早期被关押在奥斯维辛的一名政治犯。当卡佩休斯被派到营地时，他是党卫军医务所的囚犯头。据高立克回忆，卡佩休斯负责保管存放在药房储藏室的齐克隆 B，而且经常帮助党卫军用救护车将毒气罐送往毒气室。

在涉及这种致命杀虫剂的问题上，他似乎早有准备。“我与齐克隆 B 毫无关系，也没有用齐克隆 B 干过任何事情，包括消灭营房里的害虫。据我所知，这种毒气被放在一个地堡里。后来在奥斯维辛任职时，我才听到传闻说齐克隆 B 被用于毒死囚犯……我必须再说一遍，1944 年当我在奥斯维辛任职时，我与齐克隆 B 毫无关系。”

卡佩休斯手下有一个名叫弗里茨·彼得·施特劳赫的囚犯药剂师。此人提供了一份宣过誓的证词。施特劳赫说，1944 年 10 月，这种毒气由药房管理。库格勒问卡佩休斯对此怎么看。

“如果施特劳赫这样说，那么直到1944年10月他都搞错了。”

卡佩休斯说，这些证人也许把齐克隆B和“施韦因富特绿”搞混了。这种由盐、铜和砷构成的化合物也被称作“巴黎绿”，在19世纪被当作染料。但是到了20世纪，这种剧毒的化合物被广泛用于制造杀虫剂。在奥斯维辛，这种杀虫剂由其他一些党卫军军官保管，用来“消灭虫害”。卡佩休斯暗示，施韦因富特绿有可能也存放在药房的地堡里，但是他不能肯定。

库格勒接着谈到，有人指控卡佩休斯向营地的医生提供开展致命实验的药物。高立克就在证词中控诉，卡佩休斯曾经向约瑟夫·克莱尔等人提供苯酚，而后者掌管着奥斯维辛的所谓“消毒部”。卡佩休斯声称，他刚从最近的新闻报道中听说克莱尔这个名字。“我在奥斯维辛营任职期间，并不知道有囚犯被注射过苯酚。今天我头一次从审讯人员那里听说，有人在奥斯维辛营向囚犯注射苯酚。”

波兰囚犯医生斯坦尼斯拉夫·克劳德辛斯基表示，卡佩休斯曾向维尔纳·罗德医生提供伊维巴。后者开展的实验失败，4名囚犯因此死亡。这一次，卡佩休斯承认罗德向他要过吗啡、伊维巴和一升咖啡。

“他（罗德）告诉我说，他想要开展实验，”卡佩休斯说，“好保证下面这项任务的实施。他想在不为人知的情况下，为某个间谍端上一杯加有催眠剂的咖啡，然后用伊维巴迅速使其昏迷，接着借助吗啡的作用，让他在长时间内不省人事，从而在此人无力反抗的情况下将其带走。”

卡佩休斯承认：“我清楚罗德医生会在囚犯身上开展这些实验。”

但他声称他“当时并不担心”，因为他交给罗德的吗啡和伊维巴的剂量不大，而且也“没有在药房里将咖啡和麻醉剂混合起来”。直到后来他才听说，一名希腊囚犯在服用了他提供的混合物后，死于心脏病突发。“但是我们无法确定，究竟是什么原因导致心脏病发作，”卡佩休斯声称。

除了有人指控卡佩休斯为人体实验提供药品以外，还有人指责他不给生病的囚犯用药，对此卡佩休斯将作何解释？库格勒开始读起路德维希·沃尔的口供。沃尔是一名政治异见人士，很早就被关押到奥斯维辛，并在那里的主任医师办公室中工作。他说，很多人都知道卡佩休斯唯一感兴趣的就是从营地新来的囚犯的行李中翻找贵重物品。他指控卡佩休斯扣留了他所找到的所有药品，并且拒绝将它们“浪费”到囚犯身上，而是专门留给党卫军使用。

卡佩休斯佯装惊异不已。

“这种说法不对。这些药品没有用于治疗党卫军的病号，而是配发给营地里的囚犯。”仿佛觉得这话还不能加深怀疑似的，他又接着说道：“我甚至把我能找到的最好的药物都藏了起来，不让党卫军看到。”

当漫长的聆讯接近尾声时，法官问卡佩休斯还有什么要说的。他抓住机会，再次谈起了齐克隆 B 的问题。

> 为了进行自我辩护，我想要再说几句：据我所知，在纽伦堡军事法庭开展诉讼期间，主要被告是（卡尔·）勃兰特。当时，法庭已经弄清了用齐克隆 B 毒死囚犯的方法以及它们被运往营地的方式。从中可以得知，1944 年，奥斯维辛的党卫军药剂师尤其是我，显然与此事毫无关系。我强烈要求法庭查看上述文件。

几个小时的审讯结束后，卡佩休斯在一份长达 14 页、以单倍行距打字的“公诉人审讯记录”文件上签了字。

翌日，即1959年12月5日，卡佩休斯在两名探员的押解下，从格平根搭乘短途特快火车，来到法兰克福的哈默尔斯街监狱。他和另外3名外国人被关在同一间牢房。“其中较为年长的那个人经常干些小偷小摸的事情。他对刑法了如指掌，所以就算被关进监狱，服刑的时间也很短，”卡佩休斯回忆道。他与此人还有另外2名“歹徒攀谈起来，因为我想证明自己的清白……我一定能够重获自由”。

尽管卡佩休斯想向狱友表明，他遭到了错误的指控，但是他并没有在这里被关押多久。两天以后，他被人从哈默尔斯街带走，参加另一场司法听证会，而公诉人仍是约阿希姆·库格勒。

听证会一开始，卡佩休斯就告诉法官说，数日前他签署了一份14页长的声明，“检察官库格勒和审讯我的格平根地方法官向我宣读了上面的内容。那份文件被我听了两次，上面记录的供述准确无误。”

这一次他仍然同意回答问题，以借机详细阐述之前的声明。他有时候非常配合，有时候百般抵赖。在鲍尔调查的所有事项上，他再次否认自己直接犯罪。至于在站台上对新来的囚犯进行挑选并决定他们的生死，卡佩休斯还是声称自己别无选择。他说维尔特医生曾以枪决作为威胁，逼迫他就范。但是这一次，他对贿赂其他医生代他到车站挑选囚犯的说法做了更改。当库格勒问到这些医生的姓名时，卡佩休斯在之前的证词中回答：“他们的姓名我都记不清了，有可能是罗德医生或者门格勒医生。”

然而在72小时后，他的记忆不知何故大有好转。这一次，他毫不含糊地表示，只有一名医生“代替我进行挑选”，这个人就是他的匈牙利朋友和党卫军同僚弗里茨·克莱因医生。1945年12月，克莱因因战争罪被处以死刑，所以卡佩休斯的说辞死无对证。那么在这两次听证会之间，卡佩休斯是否记起了 1946 年几个和克莱因一同受审的德裔党卫军士兵的话？当他和这些人被关押在同一座英国拘留营时，他们曾向他吐露过一个秘密：克莱因“视死如归”，并且“很高兴能够借助自己在奥斯维辛一事上的供词，帮助卡佩休斯脱罪”。卡佩休斯据此认为，克莱因愿意在站台挑选囚犯一事上为自己提供不在场证明。

但有人亲眼看到他到过站台，这又将作何解释？这些说法都“不是真的”，卡佩休斯说。

当法官再次问起齐克隆 B 时，他一口咬定，这些“毒气罐不归我管理……我也没有将它们分发出去”。法官问道，齐克隆 B 是否和他看管的药品被储藏在同一座地堡里？卡佩休斯没有正面回答，而是闪烁其词地表示，他的药品存货“有可能只占用了整个地堡的一半”。卡佩休斯声称，他不清楚地堡的另一半存放了什么，法官对此表示怀疑。

“根据你的供述，当时你在奥斯维辛担任营地药剂师已有八九个月。我很难相信在这段时间里，你对此事完全不感兴趣，或者没去设法弄清，地堡里除了你的药品以外还放有什么？”

“我真的不知道那里还放了什么，”卡佩休斯的回答十分牵强。

在被问起他向罗德医生的致命实验提供伊维巴时，他坚持之前的说法——他所配发的“剂量不足以致命”。但是他对几天前的供词做了一处改动，说“罗德医生手下的一名希腊囚犯……死于中风”，而在此前的版本中，这名囚犯死于心脏病发作。

听证会结束前，卡佩休斯借机笼统地发出无罪抗辩：“我否认在奥斯维辛担任主任药剂师期间，以任何方式做过任何违法行为。”

尽管卡佩休斯在聆讯过程中看起来镇定从容，但他后来在信中表示，被捕后的开头几天里他感到“震惊”。卡佩休斯被关进单人牢房，并且受到严密监控以防自杀。他如此描述最初那几个星期："单独拘禁在一间牢房，一个人到庭院里放风，有时候与告密者和间谍一起在那儿走走。"久而久之，他感到牢狱生活足以"让人发疯"。

卡佩休斯在狱中致信艾斯勒，恳请他"随自己的意思，或激动或冷静地回信"，因为"一个人只要在上帝面前是清白的，这一切就与法庭毫无关系"。

THE PHARMACIST OF AUSCHWITZ

| 第 18 章 |

纳粹猎人与猎物的较量

令卡佩休斯感到沮丧的是，他只能在狱中度过 1960 年的元旦前夜。鉴于 14 年前他被美军羁押时所面临的指控没有成立，这次的控告也可能像那时候一样失效。想到这些，他顿觉宽慰不少。卡佩休斯之所以信心十足，是因为他聘请了两名律师——弗里茨·施泰因埃克尔和汉斯·拉特恩泽尔。这两人由于擅长为战争罪辩护而声名显赫。40 岁的施泰因埃克尔是律师事务所的初级合伙人，曾经加入过纳粹党，担任德军的轰炸机飞行员。拉特恩泽尔是一名富有传奇色彩的律师，曾经在纽伦堡的主审法庭上为德军最高统帅部和国防军总参谋部辩护。此外，在法本审判中，他是马克斯·伊尔格纳的主要辩护律师，而且代理过汉斯·凯塞林下令屠杀罗马游击队员的案件。在他们的委托人当中，卡佩休斯不是最有争议的人物。1959 年，面对门格勒受到的指控，门格勒的家人也聘请了这两名律师为在逃的门格勒医生辩护。

迄今为止，卡佩休斯是唯一一个能够请得起私人律师团的在押被告。包括这些律师在内的所有人都不知道，这笔律师费来自卡佩休斯从奥斯维辛偷窃来的金银财宝。施泰因埃克尔和拉特恩泽尔向卡佩休斯保证，他们会在案件审理的每一步为他积极抗辩。此外，鲍尔暂时难以将任何人定罪，所以他也不会仓促提出起诉。截至 1960 年，奥斯维辛仅有 7 个党卫军成员上过德国法庭。在这些案件中，公诉人并没有取得明显进展。约翰·克雷默医生在奥斯维辛任职期间写下了一本日记。虽然他被明斯特法庭判决有罪，但是因为他曾经被波兰监狱关押了 10 年，因此联邦德国法官判定他“服刑期满”，立即释放。卡尔·克劳伯格医生是卡佩休斯在奥斯维辛的好友，本来人们对他的审判期待已久，但是因为案件进展缓慢，他在审判开始前已死在狱中。

鲍尔所希望的不是仅仅对几个被告提出指控，而是展开深入调查。据他所知，管理奥斯维辛的党卫军军官约有 7 000 至 8 000 人。他清楚自己只可能对其中的一小部分进行检举，但即便如此，这些诉讼也将产生巨大影响。按照鲍尔的设想，如果他能够找到足够多的纳粹分子，并对他们集中提起诉讼，那么这次审判将成为联邦德国对其黑暗历史所进行的一次最大的清算。他不仅希望揭露营地低级军官中那些杀人要犯的罪行，而且想要审判制造了“奥斯维辛集中营”的党卫军领导层。他雄心勃勃地想在联邦德国的法庭上，由联邦德国检察官历数大屠杀的累累罪行，最后由联邦德国法官做出判决。

卡佩休斯及其律师团将希望寄托在联邦德国民众普遍要求忘记纳粹

历史的情绪上。卡佩休斯认为，鲍尔的调查如果得不到舆论支持，最终必将偃旗息鼓，审判也就无从开展。然而，令卡佩休斯大失所望的是，当年春天联邦德国公众再次开始广泛关注纳粹分子的罪行以及逍遥法外的凶手。以色列的一支突击队根据一部畅销间谍小说的内容，开展了秘密行动。阿道夫·艾希曼曾经将数百万犹太人送进死亡营，如今住在阿根廷布宜诺斯艾利斯市。1960 年 5 月 11 日，他从郊区的梅赛德斯 - 奔驰工厂下班后，搭乘公交车准备回到加里波第大道一栋简单的住宅里。下车以后，他没有意识到附近的一辆轿车内，有两人已经发动了引擎。他也没有注意到，另一辆轿车就停在车站旁边，里面坐着三个人。当他经过第一辆汽车时，后门突然打开，四名男子一把抓住他，将他推了进去。整个抓捕的过程不超过一分钟。“我只能听天由命了。”这是他被绑住手脚、堵上嘴巴之前说的唯一一句话。

这支地下小分队极为隐秘地将艾希曼送往以色列。之后以色列宣布，将以大屠杀和战争罪为由审判艾希曼。这起振奋人心的事件促使民间的纳粹猎人加快了追捕失踪逃犯的速度，例如门格勒和特雷布林卡的指挥官弗兰茨·施坦格尔就是他们的其中两个目标。最著名的纳粹猎人当属维也纳的西蒙·维森塔尔以及巴黎的塞吉和贝娅特·克拉斯菲尔德夫妇。突然之间，“最终解决方案”这一罪行再次成为万众瞩目的焦点。

没有人知道，艾希曼之所以落入以色列之手，是因为弗里茨·鲍尔在幕后起到了关键作用。早在 1957 年 9 月，鲍尔向以色列情报局局长埃瑟·哈雷尔发去一封密电，透露了艾希曼有可能藏在阿根廷的信息。

“鲍尔告诉我，其他任何人都不知道此事，”哈雷尔说，“他说他信不过（联邦德国的）外交部和布宜诺斯艾利斯的大使馆。他还说他只相信我们，并且指望我们根据这条消息做点事情。”

鲍尔的情报来自一个名叫洛塔尔·赫尔曼的联邦德国犹太人。他住在阿根廷较为偏僻的苏亚雷斯上校镇。布宜诺斯艾利斯的一个德裔小伙尼古拉斯·艾希曼正在追求赫尔曼18岁的女儿。尼古拉斯对女儿说的话让洛塔尔产生怀疑，因此他才写信给鲍尔。

一开始，以色列人认为这则情报并不准确。直到鲍尔在1959年12月，即卡佩休斯被捕的同一个月，飞往耶路撒冷向以色列司法部长陈情的时候，他们才开始行动。鲍尔说，最近一个党卫军线人透露了艾希曼的化名——“里卡多·克莱门特”。鲍尔还把艾希曼在法兰克福办公室的图纸和钥匙交给了摩萨德，以便后者秘密潜入并复印艾希曼的档案。5个月后，艾希曼被捉拿归案。

虽然艾希曼一案重新激起了人们声讨纳粹罪行的热情，但是在联邦德国国内，仍有一些知名人士反对鲍尔打造审判秀的计划，其中最著名的是后来出任联邦德国总理的赫尔穆特·科尔。当时科尔年仅31岁，是美因茨一位积极进取的州议员。他详细阐述了很多人的看法：由于第三帝国刚刚土崩瓦解，德国人不可能完全摆脱愤怒和激动情绪的支配，客观公正地审判个人行为。

鲍尔已经预见到他必然会受到联邦德国政界的阻挠，但出乎意料的是，他还遇到了一个新的重大法律障碍。1960年，也就是以色列突击队捕获艾希曼的同一年，联邦德国议会废除了盟国颁布的所有剩余法令。从此以后，对纳粹的罪行进行起诉将变得更加困难，除非检察官能够证明他们“蓄意杀人”。这一法律变动意味着，只要被告是奉命行事，他就只能算作杀人帮凶，因此获得较轻的刑罚，也就是说联邦德国最多只能判处他们10年徒刑。一名克格勃刺客在联邦德国杀害了数名西方情报人员后被捕。法庭在审判他的时候认为，在一个极权政府中，只有那些下达命令的高级官员才能按照谋杀罪论处。由于克格勃刺客是奉莫斯科之命行事，联邦德国法院只能判定他为谋杀共犯。如果这一案例被法庭应用于判决第三帝国罪犯，显然只有少数纳粹高官才能直接按照谋杀罪论处。

鲍尔清楚，为了避免法官做出那样的裁决，他需要证明这些人出于自己的意愿而非上级命令去杀人，否则只能以同谋罪起诉他们。

1960 年，鲍尔及其团队经过一年的不懈努力，最终草拟了部分被告的名单，这些人可以从一个侧面反映出奥斯维辛这部杀人机器的罪行。当然，鲍尔也想起诉那些罪大恶极者，但他们不是在逃，就是已经身亡。1947 年，指挥官鲁道夫 · 霍斯和亚瑟 · 利布兴切尔被判有罪，在波兰以绞刑处死。但让鲍尔感到高兴的是，当年 4 月，他追捕到了一个残忍的党卫军片区负责人史蒂芬 · 巴雷茨基。

卡佩休斯及其已经被捕的党卫军同事十分清楚，在继续推动奥斯维辛一案前，鲍尔希望找到招牌式的人物。1960 年 6 月，卡佩休斯写了一封 8 页长的亲笔信给杰哈德 · 戈伯，后者曾短暂地做过奥斯维辛药剂师中的第二号人物。卡佩休斯在信中谈到了这个问题以及其他一些有关起诉的事项。当时，戈伯仍是自由之身。战争结束后，他和家人重新团聚，之后在一家药店干起了老本行。

“他们想要把这次起诉打造成一场奥斯维辛审判秀，”卡佩休斯警告戈伯，“因此他们正在按图索骥，找到其中的 950 个人。如果他们怀疑某个人做过什么，就会将此人带往法兰克福。他们在迄今为止的两年时间里一共找到了 26 个人，所以这次调查也许会持续很久。我是奥斯维辛唯一一个被逮捕的高级军官，其他被捕者的级别均相对较低。在这里所有的被捕人员当中，只有过去负责进行审问的六级小队长佩里 · 布罗德向你致以问候，因为你也认识他。”

卡佩休斯提到，奥斯维辛最重要的几名医生“仍然活着，但是不知去向”。他的说法并不正确。事实上，门格勒仍在南美洲逃亡，布鲁诺·韦伯医生当时已经悄悄定居民主德国。卡佩休斯还提到了赫斯特·费舍尔和维尔纳·罗德，但是罗德已经于1946年被英国人处死，韦伯在战后接受审判，但是被无罪释放，并于1956年自然死亡。

“有40个曾经在奥斯维辛服役的人被绞死，其中包括医生、指挥官和四级小队长，”卡佩休斯告诉戈伯。不过他向后者保证“牙医们都没有事”，甚至还告诉戈伯，他已经“与萨茨医生和弗兰克医生通过气”。唯一的一条好消息就是卫生部的蒙奇已经被宣判无罪，恢复自由之身了，目前住在慕尼黑附近。

接着，卡佩休斯谈起了奥斯维辛那些曾经与他和戈伯共事过的党卫军成员，这些人很清楚他们在营地做过什么。“瓦尔特·柏林纳、（弗里茨·彼得·）施特劳赫和（保罗·）赖歇尔都已故去，维尔特自缢身亡，洛林医生服毒自杀，”卡佩休斯接着写道，“弗里曼下士和杜布赞斯基组长下落不明。”

卡佩休斯说，党卫军地区总队长卡尔·布鲁门罗伊特仍然活着。就像卡佩休斯和戈伯一样，布鲁门罗伊特也在接受训练后，成了武装党卫军的一名药剂师。此人是柏林医疗站的主管，负责集中营的所有药房事务，因此会定期与奥斯维辛的卡佩休斯联系。英国人在战后释放了布鲁门罗伊特。随后，他迁往波罗的海附近的格勒米茨，担任一家医院药房的主管。鉴于他和家人已经在战后的德国重获新生，无怪乎卡佩休斯会写道：“由于‘缺乏了解’，他不会提供有利于我们的证词。”

然而，卡佩休斯的这封信却非同寻常，他的目的不只是为了向奥斯维辛这个昔日的同事讲述营地里其他人的命运。施泰因埃克尔和拉特恩泽尔曾经告诫卡佩休斯，监狱的管理员会阅读所有来往信件。得知这一点后，卡佩休斯试图借机自我辩护。为了达到这个目的，他不仅强调自己将向检察官申辩无罪，而且对戈伯重复了他已经供述给当局的内容。如此一来，等到戈伯受审时，他们就能统一口径。

谈到有关储存、分发齐克隆 B 的控告，卡佩休斯痛心地说，这是他所信任的手下、囚犯助理弗里茨·彼得·施特劳赫的证词造成的。党卫军军官贡特拉姆·普夫劳姆主管奥斯维辛病虫防治。普夫劳姆在 1949 年受审时，施特劳赫出庭为控方作证。卡佩休斯写道，施特劳赫“声称药房一直在使用没有安全警示标志的齐克隆 B。虽然现在他已经去世了，但是他（的证词）还是阴魂不散地困扰着我们”。

接着，卡佩休斯暗示戈伯，什么样的辩词才是最有利的：

> 我已经声明，齐克隆 B 没有在药房里存放，也并非由我们保管或分发。我们当中的任何人都……拿不到齐克隆 B……我已经（在所有关于齐克隆 B 的事情上）予以否认，请你也按照这一点回答。

卡佩休斯建议戈伯，将来他接受审讯时，最好把重点放在奥斯维辛之外而非集中营里面发生的事情：

> 至于我们俩的情况，我说我们下班后会到阿明·伦普的家中做客。伦普就是那名从布科维纳省瓦特拉多尔内迁往奥斯维辛镇的药剂师。每逢周末，我还会和萨茨医生一起，拜访施托费尔

在琴斯托霍瓦的农庄，而他和家人现在就住在慕尼黑。

卡佩休斯在信中自夸，他始终拒绝承认在站台挑选过囚犯。当检察官说有证人可以证实此事时，“那只能说明他们在撒谎。我告诉他，我的证人可以轻而易举地反驳他们”。

在这封自我开脱的信中，卡佩休斯也没有放弃装可怜的机会。他抱怨检察官库格勒“谴责我把自己描述成一个乐于助人的正派人士。他说这样做毫无意义。当我提到我会想方设法帮助囚犯时，他却表示问题不在于此，我的辩解徒劳无益”。此外，库格勒得知卡佩休斯在战后见过营地里的两名牙医弗兰克和萨茨医生后，一针见血地质问他为什么没有在首次接受审讯时提到这件事。这同样令卡佩休斯难受。“他很可能怀疑我有所隐瞒，”卡佩休斯写道，“他认为也许我们平分了那些镶牙金。”

在信的末尾，卡佩休斯需要确定自己会引起戈伯的注意。他向后者透露，检察官在“第一次审问我时”就问起戈伯的情况。他接着写道，“这里唯一有可能累及我们的就是下面这件事：赫尔曼·朗本说他在 1944 年 7 月 1 日至 10 月 15 日期间，即匈牙利囚犯到来的那段时间，看到过一张值勤表，上面可能列有我们的名字。”

卡佩休斯有意向戈伯传递了这一信息，并希望借此降低朗本的信誉。卡佩休斯告诉戈伯，他认为朗本这个“老派共产党”一定是“从囚犯名单中去掉了自己人……然后用犹太人代替他们接受毒剂注射”。

接着，他向戈伯寻求帮助。

如果你对此事有所了解，最好能提供一则简短的入罪声明，这一点很重要。他们不会有太大的事，因为自 1960 年 6 月 20 日起，法律规定过失杀人是有时效的。但是在法兰克福，他们作为定罪证人的可信度将大打折扣。

卡佩休斯的这封信的确促使鲍尔团队将戈伯列入了调查范围，但是戈伯在 1960 年远非他们的调查重点。检察官们仍然希望找到一个能够激发公众兴趣的纳粹高级军官。11 月，鲍尔的办公室取得了重大突破，他们逮捕了前二级突击队中队长罗伯特·穆尔卡。穆尔卡曾经在长达一年多的时间里，担任鲁道夫·霍斯的左膀右臂，而后者是奥斯维辛臭名昭著的指挥官。几个月前，鲍尔偶然发现了穆尔卡。一名初级公诉人在 9 月初从法兰克福的报纸上看到，联邦德国赛艇队在罗马举行的奥运会上获得了铜牌，队员中有一个人叫罗尔夫·穆尔卡。由于穆尔卡是一个罕见的德国姓氏，于是这名检察官就对罗尔夫的家人展开了调查，结果发现他的父亲曾经是一个党卫军军官，战后此人在汉堡开了一家进出口公司（两年后，罗尔夫·穆尔卡辞职，专门协助父亲辩护）。

迄今为止，穆尔卡是鲍尔钓到的最大的一条鱼，但是鲍尔最想缉拿的被告无疑是理查德·贝尔。他是奥斯维辛集中营里级别最高的党卫军军官，也是该营最后一任指挥官、二级突击队大队长。此人目前下落不明，如果仍然活着，应该有 49 岁了。二战结束后，贝尔销声匿迹，没有人知道他的行踪。直到 1960 年底，联邦德国各大媒体为追捕贝尔刊登了他的照片，鲍尔的办公室才突然取得了进展。奥托·冯·俾斯麦是 19 世纪统一德国的传奇政治领袖，一位在他的庄园上工作的守林人猜测，自己的一名同事可能就是贝尔。此人化名卡尔·纽曼，很少与他人交往。

但凡有人谈起二战，纽曼都仅表示自己只在空军元帅赫尔曼·戈林手下当过厨师。

1960 年 12 月，公诉人约阿希姆·库格勒驱车来到俾斯麦庄园附近的小镇达森多夫，在森林深处逮捕了纽曼。经过几个小时的抵赖，他终于承认自己就是长期以来销声匿迹的奥斯维辛指挥官。

理查德·贝尔被捕无疑是公诉人的一次胜利。这个名字家喻户晓，足以使鲍尔开展重大审判的计划又向前迈进一步。巧合的是，卡佩休斯也是在一年前的这个时候被捕的。一开始，他满以为自己能够很快获释，但是他的自负情绪现在已经荡然无存。他一度预言，自己能在年底前无罪释放，与家人团聚，但事实证明这次他大错特错。

截至 1961 年初，鲍尔的办公室一共逮捕了 13 名前奥斯维辛党卫军军官。其中 7 人获得保释，但卡佩休斯是被投入监狱、不得离开的一人。当年春天，鲍尔展开了详细的初步调查，因为在德国这是正式起诉前必不可少的一步。他在 7 月提交的文件中列举了 24 名嫌疑人，其中包括卡佩休斯。在此期间，鲍尔的办公室需要确定他们是否掌握了足够的证据，可以对所有嫌犯进行审判。与此同时，警方和调查人员继续搜捕那些曾经在奥斯维辛任职的党卫军，以期增加被告的数量。

4 月 11 日，当阿道夫·艾希曼终于在耶路撒冷的地方法院接受审判时，鲍尔及其团队像许多德国人一样，密切关注着案件的进展。艾希曼坐在一间特制的防弹玻璃隔间里，被控犯有反人类罪、战争罪以及参与犯罪组织罪。轮到艾希曼进行自我辩护时，他极其平淡冷漠、无动于衷地叙述了手下高效运转的各级机构是如何导致数百万人死亡的。德裔作家、哲学家汉娜·阿伦特为《纽约时报》报道了这场审判。后来，她在备受赞誉的一部著作中，将艾希曼这种超然、机械的态度称作“平庸之恶”。纳粹猎人西蒙·维森塔尔也称：“现在全世界的人都知道了‘文牍杀人’的概念。”

艾希曼审判开始两天后，卡佩休斯在律师弗里茨·施泰因埃克尔的陪同下，出现在法兰克福的地方法院。公诉人库格勒需要卡佩休斯在 4 月 13 日的听证会上澄清一些问题。

他首先提出了齐克隆 B 的问题。卡佩休斯早在 1959 年 12 月被捕期间就声明自己没有保管或分发过任何齐克隆 B。在此他重申了自己的总体态度：“在我的监管下，我的药房及其附属房间没有存放过任何齐克隆 B……如果有证人这样说，那么他们的说法是错误的。”但是有新的证据显示，他曾经在 20 多箱毒气上签过字。对于这一点，他出人意料地称，这是为红十字会参观奥斯维辛准备的，箱子里是阿华田的营养品。

当库格勒问到挑选囚犯一事时，卡佩休斯清楚，由于愿意作证的幸存者越来越多，公诉人已经掌握了大量证词。当他在拜耳推销药品时，这些人就认识他，而且他们还在奥斯维辛的站台上见过他。于是，他又开始重复老一套，称“我从未在站台上筛选过一次囚犯”。随后，卡佩休斯又给控方制造了新的障碍。他说有时他来到站台之前“囚犯的物品就已经从斜坡上挪开，这时我们只能继续等候，然后才能拿到行李。在这种情况下，有时候我会与认出我的医生交谈。在罗马尼亚为 I.G. 法本工作期间，我一共认识大约 3 000 名犹太医生。”这些证词说明施泰因埃克尔曾精心指导他，如何陈述才能使自己看起来更加清白。

卡佩休斯仿佛自说自话般的再次提到，营地的主任医师曾经违背他的意愿，派他前去挑选囚犯，而他的朋友——已故的弗里茨·克莱因医生代替他担当此任，以换取他手中的烈酒。

当库格勒质问，卡佩休斯为什么明知罗德医生开展的实验足以致命，却仍为后者提供伊维巴时，他也用明显经过精心准备的辩词作答。卡佩休斯称，罗德仅把咖啡豆带到药房，和他讨论“一个药方”。他坚称自己并不知道罗德“会在囚犯身上使用任何药物”。但卡佩休斯在1959年被捕后提供的是相反的证词：“他（罗德）告诉我说，他想要开展几项实验……我清楚罗德医生会在囚犯身上开展这些实验。”

听证会即将结束时，施泰因埃克尔请求以100 000德国马克（当时约合25 000美元）保释卡佩休斯，停止审前羁押，但是遭到法庭否决。卡佩休斯本来希望自己能够成功保释，结束将近18个月的牢狱生活。后来他向家人坦承，当法官拒绝律师的请求，认为他极可能畏罪潜逃时，他的内心“崩溃了”。

返回监狱后，卡佩休斯愁容满面地继续关注艾希曼一案的进展。联邦德国媒体对这次审判作了连篇累牍的报道。1944年春，大批匈牙利犹太人被流放到奥斯维辛，而审判的一个关键部分就是确定艾希曼在这件事情上的责任。这批犹太人中的幸存者提供了大量宣誓证词，让卡佩休斯及其律师团遭遇了重重困难。

8月14日，艾希曼一案的控辩过程结束。同一个月，海因茨·杜克斯在鲍尔的成功运作下被指派为该案的地方预审法官，而此人的声誉无可指摘。这标志着鲍尔对奥斯维辛的调查进入到第二阶段。根据联邦德国法律，当公诉人认为自己积累的证据足以提起诉讼时，他们必须将档案交给一位独立法官，所以杜克斯将不受警方和检察官办公室的干预而独自调查。这是一项艰巨的任务。公诉人已经汇集了50个厚厚的文件夹，杜克斯不仅必须浏览这些文件，而且需要用证人的口供和书面证据加以补充。在完成这项工作之前，他必须亲自讯问上百名证人。

然而，他刚着手此案不久，法兰克福法院就有两名法官同事前来拜访。杜克斯在回忆当时接下来发生的事情时说道："他们认为被告人数众多，如果我至少能在部分被告的案件上，拒绝法兰克福地方法院给予的审判权，我的工作量就能减轻很多。假如我听从这一建议，法院行政部门可以保护我免受外界攻击。然而这场诉讼是在二战结束后历经 15 年艰辛，才得以记录下一座德国灭绝营从上到下的罪行。当时我一眼就看穿了他们的提议，他们的目的不是减轻我的工作量，而是终止诉讼。"

杜克斯礼貌却坚定地拒绝了他们的建议。在这个新的岗位上，他表现得干劲十足。一名辩护律师企图以"缺乏公正"为由迫使他退出此案，却以失败告终。司法部也数次拒绝协助他从铁幕之后获取证人的供词。

1961 年底发生的事情对于卡佩休斯及其遭到鲍尔大规模调查的党卫军同事来说是个不祥之兆。1961 年 12 月 12 日，耶路撒冷法庭的 3 名法官判决艾希曼犯有战争罪和反人类罪。他们在裁决中称，艾希曼的所作所为远不止执行命令，他是大屠杀的主要设计者。

3 天后，艾希曼在听证会上被判处死刑。新以色列建国仅 13 年，他是第一个死刑犯。虽然联邦德国已经废除了死刑，但对于因奥斯维辛一案身陷囹圄的被告来说，有关艾希曼命运的消息仍然令他们不寒而栗。

就连约瑟夫·门格勒也因媒体对艾希曼无休止的报道悲愤交加。此时，他远在法兰克福 6 500 英里以外，藏在巴拉圭的一座雨林深处。在逃期间，他始终保持着写日记的习惯。门格勒怀疑，公众再次对起诉纳粹罪行产生兴趣，一定与犹太人存在某种联系。"联邦德国杂志竟敢如此恶语中伤，简直令人难以置信。这些杂志本身就是现任联邦德国政府缺乏品德和恰当态度的鲜明写照，否则官方不会容忍此类自我贬损的行为。政治谎言大行其道，时间和历史在被歪曲后向它们俯首称臣。媒体一张口就是‘人道主义’和‘基督教精神’，动不动就会说‘以上帝的名义’。这一切的背后其实只有一个真相，那就是《旧约全书》对联邦德国观念中的一切都抱有仇恨之情，但我认为那些东西勇敢高尚，也无疑更加优秀。”

THE PHARMACIST OF AUSCHWITZ

| 第 19 章 |

“我无力改变这一切”

1962 年初，卡佩休斯心情低落。一个月前，他刚好入狱满两年。尽管他的辩护开支越来越大，但是没有一位律师能够准确预测，鲍尔将于何时正式起诉，或者宣布证据不足将卡佩休斯释放。施泰因埃克尔和拉特恩泽尔实事求是地告诉卡佩休斯，法院驳回起诉的可能性微乎其微。公诉人及其团队在这起案件上倾注了大量时间和精力，再加上艾希曼的判决刚刚结束，全世界的目光都在盯着他们，因此施泰因埃克尔表示，卡佩休斯有可能面临审判。

但从 1 月 10 日起，卡佩休斯觉得他的案件至少有所进展。在施泰因埃克尔的陪同下，他乘坐警车来到法兰克福法院。联邦德国法律规定，每名被告在诉讼过程中必须由检察官和预审法官分别进行审讯。这一次，负责审讯的法官是海因茨·杜克斯。

聆讯开始前，法院上演了极为戏剧性的一幕。卡佩休斯无意间与奥斯维辛的幸存者约瑟夫·格吕克迎面相遇。战争爆发前，格吕克是罗马尼亚一家纺织厂厂主，也是法本公司推销员卡佩休斯最大的客户之一。卡佩休斯于 1944 年 6 月在奥斯维辛的站台上将他挑了出来。1962 年 1 月的那个周三上午，两人在法兰克福法院里恰好从审讯室一进一出。这是 18 年来受害者和施害者的首次照面。法院档案中记录了一些在场者的回忆。他们说格吕克当时极为狂躁，“很明显他非常激动”。他大声喊道：“这就是卡佩休斯！他看起来和过去一模一样！他一点儿也没有变瘦！我绝对不会认错！”

接着，格吕克因为反应过于激烈，一时说不出话来。他心神错乱，以至于将卡佩休斯脸上的假笑说成了嘴边的伤疤。当卡佩休斯被带出走廊时，格吕克“惊恐不已……竟然失声痛哭”。

与此同时，卡佩休斯对于这次偶遇似乎无动于衷，一心只想接受聆讯。这不仅是因为长期的审前羁押让他愤懑失意，而且还因为他仍然错误地认为，自己能够通过花言巧语摆脱指控。

一开始，卡佩休斯面对每一项罪名都会重复过去的说法，偶尔还会增加一些新的细节。他的语气往往十分肯定，“我从未在站台上挑选过囚犯。”

当杜克斯法官提出，有证人指证他曾在站台上挑选囚犯、决定他们的生死时，卡佩休斯的记忆力突然急剧下降，对于其中的一些证人，他声称“我不认识他”；而对其他证人，他则表示“我记不清了”。有时候，他会直截了当地“否认”站台偶遇一事。至于为什么有这么多战前的熟人在站台上认出了他，他做出了新的解释：“我猜所有这些证人都把我和克莱因医生搞混了。克莱因医生也是匈牙利人，他的匈牙利语比我讲得还好。”

卡佩休斯曾经供述，他一开始就拒绝服从爱德华·维尔特要他挑选囚犯的命令。但是这一次他详细地辩解道，维尔特之所以不肯让步，是因为“我不像当军人的料。此外，我在罗马尼亚接受的军事训练只有一个月，而且仅限于基本技能。我只适合当一名药剂师。我想，维尔特大概也认为我不像是一名精力旺盛的党卫军军官”。由此可见，施泰因埃克尔显然帮卡佩休斯做过精心准备，以应对有关筛选犯人的问题。

卡佩休斯还添油加醋地描述说，他在接到这一命令后异常不安。返回药房后，他曾向囚犯药剂师茹拉塞克透露说自己正在考虑要不要开小差。而他之所以没有这样做，是因为当天晚些时候他向弗里茨·克莱因医生诉苦，而克莱因也替他难过并且表示愿意代他担当此任。也许施泰因埃克尔提醒了卡佩休斯，说他之前的证词不太可信，克莱因不大可能只为一瓶烈酒就替他执行这项麻烦的附加任务，所以这次卡佩休斯故意夸大其词，谎称他把自己所有的特供券都给了克莱因，而这是一笔可观的收入，可以购买他们最喜欢的烟酒和其他难以弄到的食物。

杜克斯法官指出，卡佩休斯的供词与之前的宣誓证词存在矛盾之处。在第一次被捕时，他的口供中根本没有提到克莱因。事实上，以前他被问到哪些医生代替他挑选囚犯时，他的回答是：“我记不清他们的姓名了。”此外，就他如何找到克莱因并恳请对方代行职责这一问题，他做出了两种不同解释。

施泰因埃克尔是一位精明的律师。他清楚，如果卡佩休斯的证言前后矛盾，法官和公诉人必然会反驳庭上的供词。因此他事先做了周密的准备，教自己的委托人如何圆谎。卡佩休斯不假思索地回答，法庭不应关注他之前的证词，因为当时“我对自己突然被捕十分震惊，所以表达欠妥”。此外他还告诉法官，正是库格勒哄骗他在宣誓证词上签字，而他并不理解上面的内容，“因为我看不懂速记符号”。卡佩休斯难以置信地一口咬定，他以为他签的只是“库格勒自己说过的话”，所以才在1959年12月5日的入罪口供上签了字。

“在第一次审讯中，我之所以没有提到克莱因医生，”卡佩休斯后来告诉一名记者，“是因为我担心这会连累他在罗马尼亚的女儿。当我得知自己可以提起他的姓名时，我才向法庭交代了克莱因医生。”

有人作证说，卡佩休斯会在囚犯被送入毒气室后，从他们的个人财产中盗窃贵重物品，并因此获利不少。卡佩休斯再次斥责这一控告是造谣中伤。他承认自己从站台拿走了1 500个手提箱，然后将它们送到药房，但是却信口开河说，唯一被他据为己有的私人物品是“一些上好的咖啡豆”。任何说他偷走金银财宝的指控都是“错误的”或者“准确性应被质疑”。

卡佩休斯再次坚称他不知道药房里的苯酚被党卫军医生用于屠杀囚犯。他说，自己是从战后读到的文章中得知此事的。他还告诉杜克斯法官，这些苯酚完全由他手下的一名囚犯药剂师弗里茨·彼得·施特劳赫保管，而施特劳赫已经不在人世。就罗德医生用伊维巴开展实验导致数名囚犯死亡一事，卡佩休斯采用了同样的应对策略，借口自己并不知情。这些药物“（也是）由施特劳赫配制……施特劳赫应当对此负责”。

卡佩休斯认为，他成功地运用模糊处理、扭曲事实、策略性失忆和嫁祸于人等办法，将所有罪责都推卸给了已故囚犯助理或党卫军同事。但施泰因埃克尔并不满意，他认为卡佩休斯未能充分阐明这样的观点，即他在营地里所做的一切都是在执行命令。

卡佩休斯在和律师商讨之后，于 1 月 24 日返回法院，面见杜克斯法官。接下来，卡佩休斯的一番话震惊了整个法庭：

> 上次出庭时（1 月 11 日）我的身体和精神状况都很糟糕，因为在休庭期间，我根本记不清库格勒检察官所做的指控总结都有哪些内容。有鉴于此，当时所做的解释并非是在我理智清醒或者出于本意的情况下做出的。尽管我已经持续抗辩了这么久……但我已经不再适合澄清一些重要问题，或者继续为自己辩护。据此我撤回我在 1962 年 1 月 11 日签署的口供。

卡佩休斯在新一轮审讯中就齐克隆 B、挑选囚犯以及医学实验等问题作答时，除了重复此前经过反复排练的辩词外，还说他在奥斯维辛所做的一切只不过是执行上级的合法命令。他的律师团后来引证了这一点。在卡佩休斯从小长大的家庭中，“我的父亲经常教导我说，德国是秩序和法制的典范。鉴于这种立场，奥斯维辛发生的事情尽管在我看来十分残忍，但是我以为这些都是合法的。”

杜克斯问卡佩休斯，怎么看待囚犯在被挑选之后被送入毒气室这件事？

“我从不认为，德国会在没有法律规定的情况下发生此类事情，”他再次说道。显然，施泰因埃克尔向他灌输了这样的观念：为了避免因无故谋杀罪被判无期徒刑，他必须强调自己在大屠杀的庞大机器中顶多只是一个小小的齿轮。“此外我还想指出，我从未敌视过那里的犹太人。恰恰相反，在（有些）证人看来……我对波兰的犹太人非常和善。”

杜克斯再次试图打乱卡佩休斯的阵脚。

“据你所知，奥斯维辛发生的事情是否符合现行法律？”

“从内心来讲，我反对类似奥斯维辛的所有集中营，但是我无力改变这一切。更何况我曾经试图离开奥斯维辛。再者，正如我之前所说，在被派去挑选囚犯时我明确反对这样的命令。”

除了以“只是执行命令”为原则进行自我辩护外，卡佩休斯还利用最近一次面见杜克斯法官的机会，故意对自己的营地服役记录做手脚，以期瞒骗法庭。例如，他将自己调往奥斯维辛的时间改为 1944 年 4 月 12 日。卡佩休斯声称，他突然想起了调动的准确日期，因为最近有人提醒他说，1944 年复活节前，他与母亲和妹妹一起度过了“圣周”[①]，而当时他仍在达豪任职。卡佩休斯公然将自己在奥斯维辛的任职时间缩短了近 4 个月。如果他能够得逞，那么目击证人在这个日期之前的所有定罪证词都将自动失效。

约阿希姆·库格勒没有对他提出质疑，但是法庭文件显示，他从“1943 年底”起就在奥斯维辛服役。今后还有许多机会可以揭露卡佩休斯篡改了服役日期。事实上，卡佩休斯曾经在从狱中寄出的私人信件里表示，他也记不太清自己究竟是哪一天到达营地的。“我的前任是药剂师克罗默，要是能知道他的死亡日期就好了，”他写道，“因为每个人给出的日期都不一样，有人甚至说他在 1943 年秋就死了。当时我们已经在华沙待了 1 个月还是 6 周？我们在哪里度过了 1943 年的圣诞节？”

1 月 24 日，聆讯结束后，卡佩休斯列出了几个人的名字，希望法庭能够传唤这些人出庭作证，其中包括施托费尔夫妇。在奥斯维辛任职时，每逢周末他经常到施托费尔家中做客。此外，名单上还有奥斯维辛镇的

①复活节前的一周。——译者注

德裔药剂师阿明·伦普，以及 1944 年和他一起请假回乡的营地护士洛特·利尔。他还列出了特兰西瓦尼亚的同乡维多利亚·莱伊，此人虽然没有到过奥斯维辛，但是嫁给了另一个党卫军军官——已故的约瑟夫·贝克尔。因此莱伊可以就卡佩休斯和弗里茨·克莱因在外貌上的相像之处做出清晰的描述。

1 月的庭审结束后，卡佩休斯返回牢房。随着公诉人继续有条不紊地搜集不利于他的证据，他感到越来越孤独。他只能通过前来探监的律师团与外界联系，而他将妻女带回联邦德国的计划仍毫无进展。

5 月 31 日，卡佩休斯等被鲍尔拘留的被告心情沉重。以色列最高法院驳回了阿道夫·艾希曼的终审上诉。就在午夜之前的几分钟，艾希曼在拉姆勒监狱被处以绞刑（后来，他的骨灰被带出以色列领海洒进大海，以免新纳粹分子将其埋葬地点奉为圣地）。

数日后，卡佩休斯将艾希曼一案抛到脑后，因为他遇到了更为紧迫的问题。弗里茨·施泰因埃克尔致电约阿希姆·库格勒，阿道夫·罗格纳试图以找来脱罪证人为条件敲诈卡佩休斯。罗格纳曾经是奥斯维辛的一个囚犯头，不仅多次遭到逮捕，而且还作过伪证。但也正是因为他透露消息，党卫军军官威廉·博格才会被捕。检察官们毫不怀疑，罗格纳的这一举动混杂了报复、博取名声以及勒索钱财的动机。库格勒顿时心生警惕，因为罗格纳有可能找到他认识的幸存者，利用做囚犯头时在党卫军和受害者之间建立的特殊关系，迫使他们为卡佩休斯等被告作证，如此一来他就能捞取好处。于是，库格勒立即打电话给罗格纳，直言不讳地告诉后者如果他不马上收手，就会遭到逮捕。这是罗格纳最后一次介入卡佩休斯一案。

对卡佩休斯来说，1962 年下半年虽然风平浪静，却也令人气馁。

他已经被羁押了很久，但始终没有被正式起诉，因此他变得越来越急不可耐。果然，他不断向律师追问案件的进展，催促他们加快速度。他还给亲友寄去了一系列信件，有时候似乎并不在乎监狱的管理人员是否会查看它们。他告诉妹夫说："我已经被证明无罪……我不再与这些事情有任何关系。不过千万别告诉别人。"在写给施托费尔夫妇的信中，卡佩休斯表现得出奇坦率，明确指导两人在被传唤作证时应该说些什么。他在信中用第三人称写道："奥斯维辛的气氛让卡佩休斯医生倍感压抑，精神总是高度紧张。在前往所谓的站台去取犹太医生们的手提箱时，他偶尔会扫一眼驶来的列车。他对这样的场景有时会流露出失望的感情。"

卡佩休斯恳请施托费尔夫妇在作证时说，他们经常到党卫军的药房去看望他，也"经常"与囚犯助理们"闲聊"。"在我们的印象里，他们全都对上司卡佩休斯很满意。尤其是施特劳赫，对他评价很高。所有人都看起来营养良好，得到善待。他对囚犯非常和蔼。"

卡佩休斯建议他们多提施特劳赫也并非巧合，因为后者已经不在人世，无法反驳他们的任何证词，何况他也正是那个在早前的战争罪审判中将卡佩休斯与齐克隆 B 联系起来的人。此外，卡佩休斯提醒施托费尔夫妇不要忘记谈到他"生性合群"，还有"我们对卡佩休斯医生非常感激"，因为他曾经催促他们在苏军抵达前撤离奥斯维辛地区。

当施托费尔夫妇被检察官传唤作证时，他们基本上原封不动地复述了卡佩休斯信中恬不知耻、为自己无赖辩护的说辞。

1962 年底，卡佩休斯收到了唯一的一条好消息，但是这一消息与他所面临的司法困境毫无关系。他斥资加入的罗马尼亚"家人赎回"计划终于初见成效，小女儿克里斯蒂娜首先获准移民联邦德国。虽然他的妻子以及另外两个女儿梅莉塔和英格丽德仍在候补名单上，但是她们的申请早晚会得到批准。他还高兴地得知，次女英格丽德获得了克卢日大学的生物学学位，从而为她今后在联邦德国找到好机会大开方便之门。但令卡佩休斯气馁的是，他和女儿在失散多年以后的第一面只能在监狱中见上。尽管如此卡佩休斯还是坚信，当他有朝一日重获自由时，家人一定会在那里迎接他。

THE PHARMACIST OF AUSCHWITZ

| 第 20 章 |

审判拉开序幕，药剂师的命运何去何从？

1963 年初，海因茨·杜克斯在报告中表示，将近两年的调查已经结束。在独立调查的开展期间，他会见了数百名来自美国、苏联、以色列、巴西和欧洲各国的幸存者，录取了数千页经过宣誓的证词。这是由预审法官所汇集的数量最多的档案之一。鲍尔终于可以合法地正式提出控告。他之所以急于起诉，是因为联邦德国正在就是否延长谋杀罪的法定时效展开激烈辩论。现有法律规定，谋杀罪的法定时效为 20 年。这就意味着，除非联邦议会修改这一条例，否则 1965 年后他将不能再指控奥斯维辛的被告。考虑到政治辩论的结果难以预料，检察官办公室的人不愿意为此承担巨大的司法风险。

1963 年 4 月 4 日，弗里茨·鲍尔的办公室在万众瞩目下提出起诉。一些司法专家预测，从第一名嫌犯被捕至今已过去多年，因此这次正式起诉有可能虎头蛇尾。然而，这份长达 698 页的文件阐述了 24 名被告的累累罪行，令联邦德国举国震惊。在前 195 页中，公诉人主要借数位德高望重的第三帝国研究者之口详细叙述奥斯维辛的历史，证明被告的罪行是集中营这一屠杀机构不可分割的组成部分，由此为随后的指控内容奠定了基础。200 多名证人的证词也对每一个被告的犯罪细节进行了描述。公诉人想要确立的形象明白无误：他们都是自觉自愿的行凶者，在狂热地实施“最终解决方案”的过程中，他们的所作所为远远超过执行命令。

鲍尔希望，这份诉状能够引起公众的讨论。在 5 年的调查中，他汇集了一些骇人听闻的陈述。譬如，奥斯维辛车辆调配场的武装党卫军军官理查德·博克在谈到毒气室的恐怖时，做出了栩栩如生的描述：“我形容不出人们的惨叫声。声音大约会持续 8 到 10 分钟，然后一切复归平静。片刻之后，一些囚犯打开大门，你可以看见，在横七竖八、堆积如山的尸体上，仍然笼罩着一层蓝雾。死尸挤成一团，你根本无法分辨哪个部位属于哪个人。举例来说，我曾注意到一名受害者将食指插进了另一个人的眼窝里，足有几厘米深。可想而知，这个人在临死时有多痛苦，这种痛苦简直不可名状。我感到阵阵恶心，差一点儿就吐了出来。”

毫无疑问，起诉书中所涉及的累累罪行以及令人发指的描述吸引了公众的注意力。

除了卡佩休斯，其他被告也都反映出集中营的一个侧面。其中最引人注目的是奥斯维辛最后一任指挥官理查德·贝尔。其他人包括贝尔的副官卡尔·赫克尔，鲁道夫·霍斯的副官罗伯特·穆尔卡，卫队长弗兰茨·霍夫曼上尉，指挥所的两个关键人物奥斯瓦尔德·卡杜克和史蒂芬·巴雷茨基，党卫军医生弗兰茨·卢卡斯，卡佩休斯的好友、牙医威利·弗兰克和威利·萨茨，盖世太保 / 政治部的党卫军军官威廉·博格、克劳斯·德雷斯基、佩里·布罗德、约翰·肖伯特和汉斯·施塔克，营区长和看守长海因里希·比朔夫和布鲁诺·施拉格、医务兵约瑟夫·克莱尔、埃米尔·汉泰、赫伯特·舍尔佩、格哈德·诺伊贝特和汉斯·尼尔茨维基，囚犯物品管理员亚瑟·布莱特韦泽和囚犯头埃米尔·贝德纳雷克。

出人意料的是，其中一些人已经在此前的案件中接受审理，并被判决有罪。

例如，在 1946 年的波兰奥斯维辛大审判中，亚瑟·布莱特韦泽被证明罪名成立并判处死刑。1948 年，他被减刑为终身监禁。但是波兰人把他关押 11 年之后，又将他驱逐到联邦德国。在 1961 年被弗里茨·鲍尔拘捕前，布莱特韦泽已经恢复平民生活，担任会计一职。

然而，其中大部分被告在遇到法兰克福的检察官之前，并没有遭到审判，而是使用真名重操旧业。卡尔·赫克尔返回家乡安格斯豪森，重新做起了金融生意。卡佩休斯的朋友、营地牙医威利·弗兰克和威利·萨茨分别在斯图加特和汉诺威开设了牙科诊所，而且生意兴隆。妇科医生弗兰茨·卢卡斯在埃尔姆斯霍恩的一家医院担任医务助理，后来成为医务主任助理，最后升任妇科主任。1963 年，当报纸披露卢卡斯曾在奥斯维辛任职后，院方才要求他辞职。而在鲍尔将其逮捕前，他开了一家生意红火的私人诊所。在这些被告当中，最令人惊愕的要数埃米尔·贝德纳雷克。他竟然以集中营受害者的身份领取了赔偿款，后来才有人揭露他曾经是一个虐待成性的囚犯头。

公诉人以最严重的“谋杀罪”对上述被告提出了指控。其中一些人的罪状较为笼统，因为检察官无法确定具体的受害者，但他们犯下的罪行无疑是奥斯维辛大屠杀的组成部分。譬如，虽然没有目击者提供有关营地副官罗伯特·穆尔卡执行任务的口供，但是起诉书上指控他要为“筹备和实施灭绝措施负全责”。鲍尔清楚，在联邦德国的法律框架中，这些笼统的控告很难成立。辩方律师立即对上述罪项发起抨击。穆尔卡的律师指出，联邦德国没有“功能罪责”的概念，声称“如果抛开诉状中笼统、有时甚至是引发争议的评议，这些证据无法证明他从事过任何具体行动”。

但是在另一些案件中，起诉书上列举了遇难者的姓名，并且将凶手与具体的被告联系起来。例如，奥斯瓦尔德·卡杜克被控在第 8 区毒打囚犯，然后用手杖架在后者的喉咙上，并站在上面使其窒息身亡。他用这种手段杀害了数名囚犯，其中包括钻石商人、安特卫普犹太委员会前秘书莫里茨·波拉基维茨。

7 月 17 日，这些被告当中最引人关注的理查德·贝尔由于心脏病突发而意外死亡，公诉人因此遭到了沉重打击。历史学家戴维·潘德斯写道：“贝尔之死不仅减少了法兰克福诉讼的舆论热度，而且意味着从上到下审判奥斯维辛罪犯的计划只能在群寇无首的情况下开展。”但对辩方律师来说，贝尔的意外死亡不啻是一个天赐良机。他们可以趁机在传达命令以及需要承担个人责任抑或只是执行命令的问题上浑水摸鱼。这一点对他们来说至关重要，因为联邦德国法律规定，某个人只有在明知某项命令违法而仍然予以执行的情况下，才能被判定有罪，否则罪责只需要由发号施令的指挥者承担。

审理开始前，公诉人再次遭到沉重打击。在联邦德国，起诉书只是为法庭做出适当判决提供建议，而法兰克福地方法院第三刑事庭并不认为所有被告都应当以“谋杀罪”受审。因此地方法院在当年夏初将其中一半被告的罪名减轻为“杀人同谋”。这就是说，他们最多会被判处 10 年徒刑。

在得到地方法院的这一消息后，辩方律师欢呼雀跃。但卡佩休斯及其重金聘请的律师团并没有额手相庆。卡佩休斯仍被指控犯有“谋杀罪”，是有可能被判处终身监禁的 7 名嫌犯之一。此外，他还是唯一一个被控自愿参与致命医学实验的被告。

当有记者问起弗里茨 · 鲍尔，上述被告是否需要承担法律责任时，这位首席检察官不假思索地说：“我个人认为，如果要想回答这个问题，我们应当这样问：这些人之所以出现在奥斯维辛，是否因为他们是忠诚的纳粹分子？总体来看，尤其是对那些曾经在奥斯维辛任职的人们来说，这个问题的答案是肯定的……这些罪行并不匪夷所思，因为大部分作恶者当时都相信，他们所做的是正确的事情，即为国家社会主义世界观的胜利而奋斗。在我看来，这些人和希特勒一样都是凶手，都和他一起致力于实施‘犹太人问题的最终解决方案’，因为他们认为这是正确的做法。”

尽管鲍尔不怯于表达自己的观点，而且也是数年来推动相关调查的主要力量，但是为了避免对审判产生任何直接影响，他决定从中退出。然而他将工作委托给了办公室中 4 名年富力强的检察官：汉斯 · 格罗斯曼出任首席律师，约阿希姆 · 库格勒、格哈德 · 维泽和乔治 · 弗里德里希 · 福格尔则对他予以襄助。他们都是在 1945 年以后进入司法界的，因此人们无从指责他们受到第三帝国期间个人经历的影响或者因为那段历史而产生偏见。

1963年12月20日，奥斯维辛审判终于在调查进行了5年多以后拉开序幕。数月前，卡佩休斯的妻子弗莉琪和次女英格丽德刚刚获准从罗马尼亚移民联邦德国。她们恰好来得及观看这场决定卡佩休斯命运的审判。

THE PHARMACIST OF AUSCHWITZ

|第 21 章|

“毫不起眼的小吏”

这场审判预计将持续 20 个月。联邦德国人为此专门在法兰克福修建了一座审判庭——加卢斯市民厅，来容纳所有被告及其律师、公诉人、法官和法庭工作人员，以及蜂拥而至的旁听者和记者。当诉讼程序开始时，审判庭尚未竣工，法庭只能搬往市政厅，因为当时只有这座政府大楼能够将如此众多的人员汇聚一堂。

3 名法官负责审理此案。59 岁的汉斯·霍夫迈耶被任命为本案的首席法官。他德高望重，是一位能力出众、严肃认真的法学家。在此之前，法庭还任命过另一位法官汉斯·福雷斯特。由于纳粹曾经迫害过他的家人，有可能涉及利益冲突，所以他选择了回避。但是没有人极力反对霍夫迈耶，因为他不仅担任过德国的情报军官，而且还做过纳粹军事法庭的军法参谋。由于有资格主持此类重大审判的高级法官全都上了年纪，所以被选中的法官不可能在第三帝国时期没有任职的经历。霍夫迈耶试图弱化自己在二战期间所扮演的角色，指出纳粹法庭几乎没有任何自主权。“纳粹党及其组织掌握着巨大的权力，而法庭不得不屈从于它们的意志。”一些法律评论员认为，霍夫迈耶的言辞无论怎么看都不乏讽刺意味。这位首席法官在对自己的过去进行辩解时，借口竟然也是“我在执行命令”。这个理由成为接下来审判的核心问题。

但民主德国媒体对霍夫迈耶在第三帝国的经历进行了大肆渲染。共产党的官方报纸《新德国》反复称他是“纳粹军队的战地法官”，谴责他之所以被选中，是因为他不会“在审判中刨根究底”。民主德国媒体还抱怨称，既然这场审判旨在彻底清算奥斯维辛，I.G. 法本的高级官员就不应该在被告中缺席。此外，新闻上对另一件事的报道尤其辛辣。在民主德国的资助下，一名专家证人调查了法本在纳粹时期的作用。当他将研究结果提交法庭时，霍夫迈耶拒绝将它作为证据采纳，理由是它与案件无关。

另外两名法官分别是区地方法院的约瑟夫·珀希克和县地方法院的瓦尔特·霍茨（此外法院还指定了两名后备人选，以防三名主要法官身体有恙或者丧失工作能力时没有人顶替）。联邦德国的刑事审判与美国和法国的截然不同。在联邦德国，交叉盘问和证人审讯不只是由控辩双方的律师进行，它们主要还是由法官掌握。

六人陪审团包括 3 名家庭妇女、1 名办公室工作人员、1 名体力劳动者和 1 名煤炭经销商。还有 3 名后备人选也都是家庭主妇，因为专业人士很难在如此旷日持久的案件中担任陪审员。在联邦德国，陪审员会与法官仔细商议。他们要就法律与事实问题做出决定，只有在考虑是否采纳某项证据或者权衡证人证词的适用范围时，他们才被排除在外。在一个分工细致的社会中，由于法律往往复杂难解，其中的细微区别又至关重要，因此大部分旁观者更希望由法官主导诉讼和审议过程，并尽量减少陪审团的作用。

奥斯维辛审判开始之际正值冷战加剧之时。苏联及其东欧卫星国与美国及其西方盟国之间的关系日趋紧张，而德国无异于两者之间的原爆点。1961 年，民主德国修建起一道高墙，将柏林一分为二。就在审判开始前一年，约有 22 名民主德国人因为试图逃往西柏林而被击毙，这一记录之高可谓前所未有。20 世纪 60 年代初期至中期，民主德国和联邦德国之间始终剑拔弩张，两者都做好了准备，以应付可能来自对方的军事入侵。此外，另一起事件也增加了奥斯维辛审判的压力：如果民事原告的利益牵涉刑事检控，联邦德国法律允许他们的律师代表他们出庭，这些律师可以进行交叉盘问并提交证据。

这场审判在开始之前就遭遇了一场危机。当时风头十足的民主德国律师弗里德里希・卡尔・考尔提出申请，要求法庭为自己保留一个民事席位，以代表 9 名曾经在奥斯维辛痛失亲属的民主德国公民提出指控。考尔的母亲是犹太人，纳粹为此解除了他的律师职务。他除了上过民主德国一档热门电视节目外，还出现在一系列畅销的侦探小说中，所以声名远播。毫无疑问，他一定会抓住所有机会，将资本巨头法本和党卫军在运作奥斯维辛时涉及的金融利益与纳粹大屠杀联系起来。

辩方律师坚决反对考尔出庭，指出他的起诉人无法证明 22 名被告中的任何一人杀害了他们的亲属。尽管如此，法官由于不愿承担不公之名，在律师们结束了一番唇枪舌剑之后，还是极不情愿地批准了考尔的申请。

联邦德国各方清楚，考尔一定会大举造势，因此也做好了准备。

法庭将审理日期定于每个周一、周三和周五，另外两个工作日用于提交法律申请和处理程序性事务。第一天共有22名被告出席庭审，2人因身体欠佳免于上庭，6人被认定为主要被告，以最严重的故意杀人罪受审，其中包括卡佩休斯。

当天早上8点的景象与接下来的每个庭审日一样。一支由3辆大众汽车组成的车队在前后警车的护送下，前往哈默尔斯街押解被告。这些被告下车后，警察将其带入法庭。在这一短短的路程中，有些人戴上了太阳镜，还有人用早报遮住面部。即使是在法庭里，卡佩休斯也始终戴着一副墨镜。

所有被告均按照律师的建议，身穿保守的深色西服和白色衬衫，打着黑色领带。西服既不是新款，看起来也不奢华。没有人佩戴昂贵的手表。他们的皮鞋都擦得锃亮，但不是企业主管们喜爱的时髦拷花皮鞋，而是更像邮差或者商店伙计常穿的款式。他们的穿着打扮不会让任何人联想起财富、地位或特权。恰恰相反，他们希望模仿的是普通的职员，个个看起来平淡无奇。即便有人在大街上与他们擦肩而过，也不会多看一眼。

辩方律师清楚，如果这些委托人看起来就像一群毫不起眼的小吏，那么他们的外表就有利于律师做出以下论证：他们只不过是执行上级传达下来的命令，而没有自行不义的本事。一些律师甚至认为，可以让这些委托人做出一副受害者的模样：他们循规蹈矩，一心想要报效国家，却在纳粹高层的逼迫下进入这部杀人机器。对于大屠杀，他们既无力掌控，也不敢反对。律师们认为，陪审团中的普通德国民众有可能接受这种看法。果真如此，他们将向整整一代德国人传达这样一条信息——只有屈指可数的狂热分子应当为大屠杀的恐怖行径负责，而该国其他所有人都是被迫屈从于他们的意志。

被告进入法庭后，陆续坐在数排木制长凳上，这些本来是当地议员的位置。每排长凳右侧均坐着一名警员。所有被告都有一个编号，编号牌被放在他们面前显眼的位置上，以便证人按照数字指认哪一个被告是自己指证的对象。在他们身后高大的窗户前，矗立着两块大型告示板，上面绘制有奥斯维辛 1 号营和比克瑙营的详细图案。

电视摄像机只能在第一天进入法庭拍摄 15 分钟。当摄像机开始运转时，卡佩休斯低下头，用手挡住面对镜头的一面。包括罗兰・阿尔伯特在内的一些前同事看到他后惊讶地发现，他看似比战争期间还胖了一些。卡佩休斯两鬓已经斑白，但仍然留着油腻腻的背头。

审判第一天就出现了一件奇怪的事情。法庭为被告家属和新闻媒体预留了大片座位，还将 60 个位子留给了好奇的旁听者。事实上，警方预计届时会人满为患，他们将不得不禁止一部分人入内。为此，警方还设置了一条近 100 英尺长的分隔线，以便容纳更多旁听者。许多人认为，德国人一定希望了解，这段德国历史上的黑暗时期里究竟发生过什么。然而，法庭内许多座位都空空如也。次日，美国一些报纸在头条刊登了"21 人因谋杀数百万人受审"的消息，副标题是"民众兴味索然，法兰克福法院座多虚席"。辩方律师对此毫不奇怪。在他们收到的信件中，有 90% 的人反对这场审判，认为它带有惩罚性质，而且为时已晚。当庭审开始时，联邦德国公众心灰意懒的态度和矛盾心理并没有改变。

接下来，联邦德国历史上历时最长的审判终于上演，它直到 1965 年 4 月才宣告结束。在此期间，法庭共听取了来自 19 个国家 359 名证人的证词。其中大部分是集中营的幸存者（211 人），还有 85 人是前党卫军成员。对许多幸存者来说，这一体验十分痛苦。他们必须重现当时可怕的情形，而且辩方律师还会经常咄咄逼人地质疑他们证词的可信度和记忆的准确性。此外，他们还要长途跋涉前往联邦德国，其中很多人是第一次来到这个应当为希特勒及其“最终解决方案”负责的国家。他们已经20年没有见到当年折磨自己的施暴者，而且审判使用的是德语，也就是这群刽子手们的语言。

而85个党卫军证人毫无此类困难，与幸存者们形成了强烈的对比。他们声称自己什么都不知道，什么都没有看见，或者什么都不记得了。他们毫无羞耻心和负罪感。在提到战争期间这段令人毛骨悚然的经历时，没有人做出任何反思。为了不让被告的罪行累及自身，他们全都强调，奥斯维辛发生的一切在1964年的联邦德国看来也许十分恐怖，但在当时完全合乎纳粹的法律、法规和法令。有时候，这些党卫军证人显得轻松自在，就连庭上的被告也开始愤怒于他们的逍遥法外。

| 第 22 章 |

幸存者出场

在审判的前两周，公诉人向法庭提交了他们在审讯被告之后得到的所有证据。公众也可以借机获悉，被告在宣誓证词中向检察官和开展独立调查的地方法官说过哪些内容。1964 年 2 月 7 日，也就是庭审的第 15 天，一位联邦德国教授作为第一名证人，详细阐述了党卫军的组织结构。1 周以后，奥托·沃肯医生作为第一名目击证人出庭，这名维也纳的医生在集中营待了 18 个月。在这段时间里，他写下了日志，并且一直保存到战后。

赫尔曼·朗本是第二名目击证人。法庭上的许多旁观者认为，他将为接下来的所有的证人奠定作证的基调，而朗本果然不负众望。

3月6日星期五，51岁的朗本来到证人席上。他个子很高，身材纤瘦，坐下来时紧握双手置于面前，身体因为略微驼背而稍往前倾。当朗本从容不迫地详细描述集中营里的恐怖场面时，整个法庭都怔住了。他作为党卫军主任医师的囚犯助理，曾经亲眼看到了那一切。

在此期间，公诉人打断朗本，问他是否能够从被告当中认出他刚才提到的人。法官同意朗本走过被告席就近查看，并下令所有被告起身。当朗本缓步走向他们时，法庭里鸦雀无声。一些被告低下头，试图避开他的眼神，但他毫不畏惧地看着他们。18年来，朗本始终奋力追捕纳粹、寻找证人、积累证据。他希望抓住这个机会，使这场审判成为此项事业中的个人巅峰。

他在奥斯瓦尔德·卡杜克面前停下了脚步。后者是一名身高6英尺3英寸的党卫军中士，由于生性残忍而臭名远扬。

"居然能在这里再见到你，"朗本对紧咬牙关的卡杜克说，"这真是太好了！"

"你认识我，这一点是真的，"卡杜克在迅速站好后咆哮道，"但你刚才所说的与我有关的那些事情都是胡言乱语！"

"你巴不得那些都是胡说八道吧，"朗本镇定地答道，然后继续走向下一个被告。

接着，他在卡佩休斯面前停了下来。法官下令这位前药剂师摘掉墨镜。卡佩休斯大汗淋漓，额头上闪烁着汗珠。

"这不是善良的卡佩休斯大夫吗？你还好吗，医生？"

"你的证词不对，我从未挑选过囚犯，也没有将他们送入毒气室。"

卡佩休斯的声音有些颤抖，与卡杜克的表现截然不同。

"你当然这样做过，而你也清楚这一点。"

在宽敞的法庭上，除了朗本和被告之间简短的对话，只有他的鞋底在木地板上走过的声音。他在 15 分钟之内指认了 8 名被告，并且指出，正是他们使“奥斯维辛这座杀人工厂正常运行”。

朗本强有力的质问虽然在幸存者们看来痛快淋漓，但是它只能引起被告的蔑视之情。事实上，在随后的 15 个月中，有一个特点从未改变，那就是这些党卫军成员始终忠于彼此，没有人互相指证。除了提出抗辩或者回答法官的问题外，没有人进行自我辩护。

这些被告将自己的命运交给了律师。在所有律师当中，最具有攻击性的是卡佩休斯的律师汉斯·拉特恩泽尔。弗里茨·鲍尔认为，只有卡佩休斯及其两名牙医好友威利·弗兰克和威利·萨茨能够请得起声名赫赫、要价高昂的拉特恩泽尔，此事绝非巧合。鲍尔也曾怀疑，这三人窃取了奥斯维辛的镶牙金，并且在 1947 年碰头后瓜分了这一令人发指的赃物（拉特恩泽尔的初级合伙人弗里茨·施泰因埃克尔负责代理布罗德和德雷斯基）。

有评论家认为，拉特恩泽尔是一个“同情纳粹的右翼分子”，而他在为委托人辩护时也不遗余力,因此的确当得起那个称号。他直言不讳、措辞生动，并且制定了整体策略，而不是仅仅以“执行命令”为由帮被告辩护。为了动摇证人的可信度，他率先发难，暗示他们因为精神创伤或者事情时隔太久而夸大其词。拉特恩泽尔不仅对可能导致卡佩休斯身败名裂的证词提出质疑，而且含沙射影地暗示法庭，证人因为复仇心切而歪曲事实。他因这些目击证人来自共产主义国家而打击他们，说他们是恶毒的赤色阴谋中的一部分，企图让联邦德国丢尽脸面。拉特恩泽尔正是通过这样的方式，来达到推翻不利证言的目的。

正因为如此，在站台上被卡佩休斯筛选出来的艾拉·博姆以及其他许多幸存者，不得不在上庭前服用镇静剂以缓解紧张情绪。埃拉·林根斯医生在出庭前后的数周里始终噩梦不断。

“对我们来说，在敌人的国土上置身于敌国的人民当中，是一件极为艰难的事情，”博姆回忆说，“每一句攻讦都会令我们潸然泪下，每一个字都会令我们痛心疾首，我们就像一个个饱受伤害的孩子。”拉特恩泽尔对她提出的问题异常苛刻。“我在法庭上接受了一个多小时的审问。拉特恩泽尔对我们充满了蔑视。他连珠炮似的发出了许多带有误导性质、令人困惑的问题。当他问起我的文身编号时，我说记不清了，他立即对我投来鄙夷的一瞥。更有甚者，《法兰克福汇报》第二天在报道中说我小题大做。”法庭上的许多旁观者认为，拉特恩泽尔对这些幸存者进行了严厉的攻击，给受害者带来了二次伤害。

此外，还有一点让问题变得更加复杂化。在听到证人的证词后，所有被告都尽力表现得泰然自若。其中最典型的当属奥斯瓦尔德·卡杜克。就在昔日的囚犯描述起卡杜克殴打犯人、开枪击毙他们等等让人不寒而栗的细节时，他只是坐在自己的座位上，无动于衷地玩弄着钢笔。

有时候，这些被告会对证人怒目而视，只有这时才能看出证词引起了他们的注意。“当我盯着博格和卡杜克，还有卡佩休斯和克莱尔的脸时，我就看到了这种表情。”亨利·奥蒙德回忆道。他是一名民事律师，负责代理一些幸存者家属的起诉。“尤其是当听到那些足以将他们定罪的证词时，我不禁感到他们仿佛在说：‘让你活下来是个错误。我们当初忘了毒死你，现在反受其累。’不可否认，他们的脸上完全看不出丝毫悔恨之情。”

在此期间，没有人比卡佩休斯表现得更加镇定自若，他甚至经常暗自发笑或者哈哈大笑，这是他与其他被告的唯一不同之处。卡佩休斯频频对别的被告以及前来支持他的亲朋好友微笑（29 岁的梅丽塔，这名最后一个留在罗马尼亚的女儿也于 1964 年 10 月的审判期间来到了法庭）。当证人做出对他不利的证供时，卡佩休斯笑得尤为明显，以至于他的一些朋友都觉得这个表情不合时宜。当法官向他提问时，他经常显得心神不定，好像不得不强迫自己将注意力集中到法庭上。他总是坐立不安，有时十分健忘，回答问题时偶尔还会表达不清。

没有人清楚，是什么原因导致了这种奇怪的举止。他面带微笑，是为了显示他因自己的无辜而毫不担忧审判吗？他有时大笑一阵，是因为他觉得那些控告他的证词十分滑稽，于是下意识地对其嗤之以鼻？还有人认为，卡佩休斯是故意为之，好让自己看起来就像一个笨拙的傻瓜，以抵销公诉人所树立的残忍的党卫军军官形象。

后来就连德国媒体也纷纷评价卡佩休斯的举止“怪异”“不得体”。霍夫迈耶法官有一次问卡佩休斯如何解释有人指控他提供苯酚，以便同事将其注射进囚犯心脏来杀死他们。但卡佩休斯这次抓住机会为自己可疑的举止辩解：“法官大人，上周一早上，我的精神十分紧张，以致后来我有些迷惑。有人批评我不该发笑，但是我的笑一直都是无意识的。我当然不觉得有什么事情值得笑。对此我只能解释说，我已经被单独囚禁了 4 年之久。这件事以及这些人和这些电灯让我心烦意乱，所以有时候难以集中注意力回答问题。”

可是几乎没有人同情他。当时已经有一系列目击证人指认了他。尽管他的律师对证词的可信度做出攻击，但是证人们毫不示弱。

艾拉·博姆就在这些人里面。她讲述了自己抵达奥斯维辛后在站台上认出卡佩休斯的经历。她的母亲是一位儿科医师，当时也在同一趟列车上。博姆证实，卡佩休斯曾将新来的囚犯分到左右两边。莫里提乌斯·伯纳医生也认出了卡佩休斯，因为后者在战前与自己有过生意往来。接着，他声泪俱下地讲道，尽管他一再恳求卡佩休斯，但他还是没有放过自己的两个女儿。

大部分指证卡佩休斯的证词都有别于指控其他被告的证言。除了卡佩休斯以外，没有哪个被告在战前就为幸存者所知，而声称一早就认识卡佩休斯的证词却越积越多。约瑟夫·格吕克是法本/拜耳在罗马尼亚的重要客户。他不仅指证卡佩休斯在奥斯维辛选中了自己，而且描述了他在集中营几次见到这个药剂师的场景。卡佩休斯和门格勒一起选出囚犯送入毒气室。“他们一边挑选，一边开怀大笑，”格吕克回忆说，“看见孩子们哭着找妈妈，他们大概觉得很好玩儿。”

一个接一个的证人指出，当卡佩休斯还在法本/拜耳工作时，他们就与他相识了。后来他们又在奥斯维辛的站台上认出了卡佩休斯。这样的证人包括犹太药剂师保罗·帕约、母亲被送入毒气室杀死的艾德丽安·克劳兹、家人在战前和他同住布达佩斯一栋楼里的莎拉·内贝尔、妻子被他亲手送入毒气室的法本客户拉约什·施林格医生，以及家人被他选中杀死的阿尔贝特·埃伦费尔德。

检察官约阿希姆·库格勒向法庭解释说，这些非同寻常的描述尤其能够证明卡佩休斯罪无可恕：

> 对卡佩休斯来说，他的处境既独特又可怕。因为他所面对的不是无名的大众，而是突然之间就碰上的那些与他有过私交或者生意往来的人。这些人对他毫无芥蒂，认为见到他就是交了好运。他们信任他。可是卡佩休斯医生究竟是怎样的一个人？他明知道只要自己挥一挥手，那些分到左边的人们就会幸免于难，但是他却一边笑容可掬、出言安慰，一边亲手将他昔日的朋友、同

事以及他们的妻儿老小送进毒气室。

一个人要多么的残暴、冷酷、虐待成性以及玩世不恭，才能做出如此魔鬼般的行径？他是党卫军一级突击队中队长，只要他一句话或一个手势，就能让这些人活命，而这些人只不过是大批囚犯中的寥寥几个，几乎不会为他招致任何麻烦。

指证卡佩休斯的不都是他在战前的熟人，还有许多人第一次在奥斯维辛见到他。比克瑙维修部的锁匠、捷克斯洛伐克犹太人埃里希·库尔卡曾经亲眼看见许多挤满了囚犯的火车抵达奥斯维辛。当法官让他在被告中间指认那些决定囚犯生死的人时，他挑出了博格、巴雷茨基、布罗德、卡杜克和穆尔卡。接着，他伸出右手指向法庭对面。“还有 18 号牌后面的那位先生。”

“你知道他叫什么吗？”

“不知道。”

18 号牌后面正是卡佩休斯，他坐在椅子上一动不动。

“法庭需要知道，你是否能够肯定，18 号就是在站台上挑选囚犯的人？”霍夫迈耶法官说，“这一点非常重要。”

“我经常看见 18 号。当人们分成男女两队经过他时，他会决定他们朝哪边走。他的长相变化不大，我敢肯定就是他。”

除了库尔卡等囚徒以外，还有许多囚犯药剂师也指证了卡佩休斯。后者曾经依靠他们确保药房的正常运转，所以他们的证词最能够证明卡佩休斯的罪行。他最信任的两名助理威廉·普罗科普和扬·西科尔斯基明确表示，卡佩休斯不仅负责保管齐克隆 B，而且从死人那里窃取了包括镶牙金在内的大量私人物品。他对上述指控的反应与他在法庭里做出的其他奇怪举动一样，全都令人疑窦丛生。例如，当普罗科普作证称，卡佩休斯“负责保管”储存齐克隆B房间的钥匙时，他大笑起来。接着，普罗科普描述了他无意间看到的场面：卡佩休斯在装着牙齿的手提箱里东搜西罗。这位主任药剂师还威胁他说如果他敢告诉旁人，他就休想活命。听到这些，卡佩休斯忍不住又是一阵狂笑。

“卡佩休斯医生，”霍夫迈耶法官极其严肃地说道，“这真的不好笑，这可是死亡威胁。”

在法庭上，卡佩休斯似乎对任何涉及他本人的证词都显示出漫不经心的态度，而他对于在其他被告身上发生的事也经常表现得满不在乎。譬如，昔日的一名囚犯作证说，有一次他外套最上面的扣子没有系好，结果他就因此遭到奥斯瓦尔德·卡杜克的残忍毒打。当法官问卡杜克他是否认识证人时，卡杜克回答：“法官大人，证人看起来有些眼熟。但是奥斯维辛一共有17 000名囚犯，我们得让他们遵守秩序。”他承认自己偶尔会动粗：“但是只要我一抬手，有些人就会跌倒，他们都是假装的。”这句话再次让卡佩休斯控制不住地大笑起来。

显然，有一件事让他笑不出来。多家报纸在第二天的头版刊登了上述骇人听闻的证词，这些令人震惊的故事让报纸的销量飙升，同时也使相关新闻在电视上获得了最高收视率。在德国，大部分关注这场审判的人们无疑是从《新画报》之类的小报上得到有关消息的。例如，媒体在审判进行到第118天时竞相报道，法庭将奥斯维辛一本令人毛骨悚然的相册列为证据。相册里装的是党卫军军士伯哈德·瓦尔特搜集到的照片。正是出于某种变态的狂热，他才拍下了集中营里的悲惨景象和死亡场面。

一些评论家指出，此类报道无异于“恐怖色情文学”。还有一位学者认为，这些报道“促使一般公众对审判中的被告产生集体疏离感”。而它们所缺失的内容正是弗里茨·鲍尔所希望看到的结果。他希望这场审判能够成为教育新一代德国人的机会，让他们了解“最终解决方案”，同时引发经历过战争时代的人们反省历史并重新评价历史的热情。

1964 年 4 月，囚犯中的护士路德维希·沃尔作证称，卡佩休斯的一个朋友曾经暗示，如果有人愿意提供证据，证明保管齐克隆 B 不是主任药剂师的责任，此人就有可能得到 50 000 德国马克。次日，多家报纸的头版纷纷刊登“奥斯维辛审判出现贿赂指控！”6 月，在扬·西科尔斯基作证后，有媒体将卡佩休斯称作“杰基尔和海德式的奥斯维辛药剂师”。同一个月，威廉·普罗科普在作证时称，他曾经看到卡佩休斯在腐烂的假牙堆中搜寻黄金。在他讲完这则阴森恐怖的故事后，有报纸为其拟定了头版标题“药剂师储藏金牙”和“纳粹集中营的恐怖战利品”。

1964 年 8 月，当约瑟夫·格吕克从口袋里掏出已故的 16 岁侄子的照片时，眼泪夺眶而出。报纸为这一幕写下的标题是“鲜血写就的奥斯维辛故事”，因为“孩子们割破手臂，用鲜血写下自己的名字”。同一个月，伯纳医生向法庭供述了卡佩休斯将他的妻子和女儿送入毒气室的事情。随后，许多报纸在头版刊登了“医生指证纳粹分子协助杀害亲属”的新闻。伯纳作证一周以后，玛格达·绍博回忆说，卡佩休斯曾对囚犯歇斯底里地大喊：“我叫卡佩休斯，来自特兰西瓦尼亚，你们很快就会看到，我就是魔鬼的化身。”到了次日清晨，报纸的通栏标题写着：“以魔鬼自居的纳粹分子！”

霍夫迈耶法官在每一个证人作证之后都会问卡佩休斯，他对控告他的证词有何说法。每当这时卡佩休斯都会变得支吾其词，只能依靠阴谋论为自己辩解。例如，他在面对玛格达·绍博的指证时就借用了律师的说法，声称所有来自东欧社会主义国家的证人都是赤色阴谋的棋子。卡佩休斯指责绍博撒谎，说她与其他证人串通一气，试图嫁祸于他。卡佩休斯此举受到了霍夫迈耶的严厉警告。

法官表示，他“坚决反对”任何人影射证人属于某个未经证实、模糊不清的阴谋集团。但卡佩休斯不为所动。莎拉·内贝尔作证称，她从 20 世纪 30 年代起就认识卡佩休斯，因为他们曾经住在布达佩斯的同一栋楼里，是他在奥斯维辛的站台上把自己挑了出来。卡佩休斯声称：“我的同乡们一再重复的事实不足以当作证据。这是罗马尼亚策划的一场阴谋。”

卡佩休斯再次狡辩，这是共产党的阴谋诡计，但是霍夫迈耶一语戳穿了他的谎言：“这名证人来自以色列。”

卡佩休斯只好环顾四周，仿佛自己上当受骗了一样。他的律师拉特恩泽尔此时一脸苦相。

还有一次，药剂师保罗·帕约作证称，当卡佩休斯在法本 / 拜耳任职时他们就认识了，后来也是卡佩休斯在奥斯维辛选中了他。“卡佩休斯医生站在距离我 12 至 15 英尺的地方，用匈牙利语向我打了个招呼，然后将我挑了出来。被他选中的囚犯只有百分之一，所以这次经历我永生难忘。”

霍夫迈耶问卡佩休斯：“我们最希望从你那里知道的是，你是否在站台上挑选过囚犯。总体来看，证人的说法似乎是可信的。”

“那只是表面现象而已。”卡佩休斯反驳道。接着，他大肆谴责道，罗马尼亚的共产党早在 1946 年就试图陷害他，他们在他缺席的情况下将他定罪。

当另一名证人拿出卡佩休斯在战前送给自己的节日贺卡时，霍夫迈耶问卡佩休斯这是不是他的笔迹。卡佩休斯回答说“是”。但是数日后，他似乎记起自己曾经说过所有罗马尼亚人都在撒谎，于是改变了主意，质疑起贺卡上的笔迹来。

在另外一些情况下，卡佩休斯一概回应说自己记不得在战前见过某个证人，他们一定是将自己和奥斯维辛站台上的弗里茨·克莱因医生混淆了。但是因为卡佩休斯一再故技重施，这种说辞变得越来越老套且荒唐可笑。当有一名证人说囚犯曾在背后管卡佩休斯叫“哈巴狗脸”时，他借机狡辩自己不是“哈巴狗脸”，克莱因医生的外貌才更加符合这一描述。听到这里，民事律师亨利·奥蒙德忍不住表示，他在卑尔根 - 贝尔森审判中见过克莱因，“很难想象克莱因医生与你有任何相似之处”。门格勒手下的囚犯医生埃拉·林根斯说：“当时（1944 年）的克莱因医生与现在（1964 年）的卡佩休斯医生同岁。他们的相貌毫无相似之处……克莱因医生操着一口标准的高地德语，我根本听不出他是罗马尼亚人，两人的语言完全不同。克莱因医生讲话不带口音，就像父母都讲德语一样。他甚至还说过一些斯瓦比亚的方言。他说起特兰西瓦尼亚语来，就像我说维也纳德语一样。卡佩休斯医生说德语时带着罗马尼亚口音，所以听起来更像是外国人。”（儿时好友维多利亚·莱伊是为卡佩休斯的品行作证的证人之一。她为了印证卡佩休斯与克莱因外貌相似的说法，称自己曾在 1944 年见过后者一面。克莱因向莱伊坦承，他“替卡佩休斯承担了所有令人不快的任务”。但是在霍夫迈耶审问她的时候，她却不得不承认自己的关键证词来自报纸上读到的相关报道。）

此外有人质疑，既然卡佩休斯声称他对站台上发生的一切感到不安，那么身为党卫军高级军官的他为什么要亲自到站台上搜集行李和医疗设备，而不是委派低级军官替他执行任务？面对这些质问，卡佩休斯未能做出任何令人满意的解释。有一次，检察官向他出示了一张党卫军筛选囚犯的照片，但卡佩休斯否认自己认得这个场景。法官似乎难以理解他为什么要费尽心机回避问题。卡佩休斯遭到再三逼问之后，绝望地挥动手臂说："我根本不知道那里看起来是什么样！"

虽然卡佩休斯装作对法庭上发生的一切不以为意，但是他的律师清楚，他对媒体一致将另一名被告弗里茨·卢卡斯医生形容为"善良的德国人"十分不悦。卢卡斯声称，1944 年在奥斯维辛服役的 4 个月期间，他"从未抗命不遵，但是会竭尽所能规避犯罪"。卡佩休斯认为，他也曾经说过他会设法躲避挑选囚犯的任务，所以报纸应当多对他进行一些正面报道。但是卢卡斯似乎成了媒体的宠儿，这让他恼羞成怒。更令卡佩休斯感到羞辱的是，弗里茨·鲍尔的团队将他作为典型，告诉世人纳粹犯下了窃取死人黄金的罪行。

公诉人有一次指出："卡佩休斯利用自己在奥斯维辛的地位，有目的、有计划并且无情地追求个人物质利益。相关证据显示他没有犯下盗窃或勒索财物罪，因为他在那些人死了以后才将他们的财物占为己有。但这些证词却展示了他洗劫死人的丑恶行径，并且表明留在奥斯维辛并参与那里的谋杀，对被告卡佩休斯来说是有利可图的。这一事实在法律上至关重要，足以揭示被告的真实意图。营地里存在着一种普遍做法：在囚犯的贵重物品被没收以后，一些党卫军会将它们作为某种形式的养老保险，另外私自存放。但是据我们所知，没有其他任何被告像卡佩休斯这样放肆、高效、寡廉鲜耻。"

在卡佩休斯看来，被指控屠杀犹太人是一回事，被公开指责为盗墓贼则是另外一回事，因为犹太人被第三帝国视作"劣等民族"，而盗墓贼的称号却是极大的公开侮辱。

然而卡佩休斯即使对上述指控怒火中烧，但他仍竭力表现得不慌不忙。为了掩饰自己的气愤和窘迫，他遇到了许多令人尴尬的场面。1964 年 6 月，囚犯药剂师威廉·普罗科普表示，卡佩休斯曾经为了搜罗黄金而“俯身翻查死人的下颌骨”。卡佩休斯闻言大笑，直到霍夫迈耶喝令他“别再笑了！”

当普罗科普说完证词后，霍夫迈耶问卡佩休斯是否想要说些什么。卡佩休斯的脸上不见了往日的笑容，他在被告席后以立正姿势站好。“我从来没有从牙齿上敲掉过黄金。我只看过一次牙齿，而且上面的黄金早就没有了。”

就连拉特恩泽尔也对卡佩休斯的说法大惑不解。

审判的进程正在向前推移，此时的卡佩休斯仿佛沉浸在自己的世界中。他一边在监狱里阅读有关奥斯维辛的报道，一边做笔记、就辩护策略向律师提出建议，还经常哀叹自己的不幸。在卡佩休斯从狱中寄出的信中可以看出，他并没有反省自己在集中营里的所作所为，而是常常牢骚满腹，抱怨自己形单影只，抱怨监狱里的伙食，甚至抱怨自己遭到了性剥夺。

他在哈默尔斯街监狱哀诉道：“如果你是被审前羁押的，他们在圣诞节就只许你领取 5 公斤的包裹，可是在这里服刑的囚犯到了家人每月探监的时候，还可以吃到半只鸡和一个蛋糕。我们这些被拘留的人只能从汽水机里得到一瓶可乐。难道这是防止我们越狱的措施吗？”卡佩休斯说：“（在奥斯维辛）我手下的囚犯也比这儿吃得好。”监狱里恶劣的伙食曾一度让他轻了 40 磅，他说这种情况让他“几乎阳痿，根本提不起性欲。没有老婆或者女朋友就没有性，而所有人都要面对这个问题。但是在这样的状态下，你也只能禁欲这么久，因为你的精神总是高度紧张，所以你就会变得更加饥渴难耐。这简直是一种折磨，或者至少需要……即便是在奥斯维辛，他们还建立了一座妓院来应付人们的性需求”。

卡佩休斯还抱怨称，他被“单独监禁，剥夺了各种各样的权利……既没有人陪伴，也没有人交谈”。有时候，他还会发牢骚说自己“疏远”了家人，而且“家里有人需要我的照顾”。卡佩休斯说，他的妻子刚刚来到联邦德国，“我的孩子仍然见不到父亲。3 个女儿都还在上学，因为她们在罗马尼亚所受的教育还得不到德国的完全认可。如果她们的父亲是个自由人而不是待在监狱里，这些麻烦就会迎刃而解。让一个父亲恢复自由又有什么问题呢？……因为法庭根本没有任何证据”。

那么那些能够给他定罪的证人和证词又怎么说呢？“良心上的安宁固然令人宽慰，但是当你发现，这些指控全都是一些夸大其词的谎言，你就很难再理解这个世界。即使法庭认定某个证人不可靠，这个人还是会被写进书里，出现在戏剧之中。即使法庭在第一次的裁决中就摈弃了他的证词，但是人们不会忘记他的指控——你将 1 200 名儿童送入了毒气室，因为俗话说‘scriptamanent’（拉丁谚语，意思是‘说出口的话随风飘去，写在纸上的字才会永远流传’）。”

虽然卡佩休斯始终对律师团称赞有加，但他还是哀叹，为了聘请律师团，他已“财产耗尽，负债累累”。卡佩休斯用于辩护的开支最终高达 100 000 马克。

令卡佩休斯高兴的是，审判即将结束。就在此时，法庭外发生的一件非同寻常之事使他仿佛看到了一线希望，让他认为当代联邦德国人对战争罪正变得越来越宽容。在法本审判中，法本董事、化学家海因里希·布特费施被判处 7 年徒刑，但他获释之后就进入了联邦德国的一些大型化工企业董事会。就像其他被定罪的法本董事一样，他在联邦德国工业发展到顶峰时又重新回到了自己的位置。不同的是，联邦德国总理在 1946 年底将该国授予平民的最高荣誉——“杰出贡献十字勋章”颁发给了布特费施。但是身为战犯的布特费施是否有资格接受这份嘉奖？这一问题在国内引起了轩然大波。尽管布特费施在一段时间以后退回了勋章，但是随着奥斯维辛审判即将落幕，卡佩休斯仍然从这起事件中预感到，他的好运即将临头。

|第 23 章|

最后的裁决

结案陈词于1965年5月7日开始。卡佩休斯全盘否认了证人的指控，因此在他看来，法庭上的最后陈述就意味着他距离无罪释放又进了一步。当时，两个被告海因里希·比朔夫和格哈德·诺伊贝特由于身体欠佳而另行立案。公诉人、民事原告的律师以及剩余20名被告的律师花了整整3个月的时间，才完成了结案陈词。公诉人在收尾时雄辩地重申，奥斯维辛不仅是“最终解决方案”最主要的屠杀中心，而且汇集了可以指证每一个被告的主要证据。正如弗里茨·鲍尔所言，控方的核心起诉内容非常符合常理：“这场审判从头到尾只有一句话：‘你们应当对他们说不。’”在轮到民事律师进行总结时，亨利·奥蒙德称卡佩休斯是“最大的盗墓贼之一”。

1965年6月，汉斯·拉特恩泽尔在众人的翘首期待中，代表卡佩休斯和其他委托人作了总结。《法兰克福汇报》报道称，他的辩词“极尽讽刺、羞辱之能事，但是逻辑严密、十分高明”。拉特恩泽尔认为所有证人都不可信，因为要想在此类可怕事件发生了20年之后再进行准确回忆“非人力之所能及”。他还表示，来自共产主义阵营的证人既存在复仇心理，也不乏政治宣传的动机，因而他们的可靠性更加令人怀疑。同时他借题发挥，像平时一样提到了控方利用证人的话题。由于一半以上的证人都来自国外，他们不可能在德国受到起诉。

然而，最夺人眼球的还是拉特恩泽尔颠倒黑白的论点。在他看来，对囚犯进行挑选不是犯罪行为，而是仁慈的举动。奥斯维辛是一座死亡营，因此幸存者要感谢那些在站台上选中他们的党卫军军官救了他们一命。拉特恩泽尔的世界观可谓罕见。按照他的看法，对囚犯的挑选破坏了第三帝国消灭欧洲所有犹太人的命令。他辩解道，筛选囚犯阻碍而非推动了屠杀的进行。正是因为党卫军在奥斯维辛的站台上履行职责，这些被告才得以幸存而非被杀。“可以说，那些参与过挑选囚犯的人都是被选中者的救星，他们破坏了希特勒的计划。”他如此狡辩道。

随后，拉特恩泽尔的搭档弗里茨·施泰因埃克尔开始对审判进行大面积攻击，称它从头至尾都存在缺陷，纯粹就是一场政治闹剧。他极力争辩道，无论人们如何反对“最终解决方案”，这都是第三帝国最高层下达的命令。他的委托人只不过是为国效力的普通人而已。

1965年8月6日，即庭审开始的第180天，被告进行正式抗辩（根据德国法律，这一程序被安排在审判结尾，而不是一开始）。卡佩休斯竭力避免往常的支吾和健忘。显然，他的陈述是经过反复练习的。他说，自己是“一名罗马尼亚军官和罗马尼亚公民，他的妻子是半个女犹太人”……只有在“不幸的情况下”,他才会“成为奥斯维辛的主任药剂师，而此前我根本不知道这个地方”。

在听到他说出“女犹太人”（Jewess）一词后，他身后的一些旁听者和记者皱了皱眉头，因为这个词语已经成了第三帝国对犹太女性的蔑称。

“法官大人！在奥斯维辛，我从未伤害过任何人。我彬彬有礼、友善待人。只要有可能，我乐于帮助所有人。我虽然到过几次站台，为营地的药房取医生的行李，但是我从未挑选过囚犯。我必须着重强调这一点。作为一名药剂师，我会尽可能地做好本职工作……奥斯维辛发生的罪行与我无关。我请求你们判我无罪。”

尽管许多独立证人先后指证，卡佩休斯曾在站台上挑选过囚犯，但是他清楚他必须全部予以否认。只要他承认其中的一次，那他看起来就像执行过几十次这样的任务，从而罪责难逃。

当天审判临近结束时，所有被告被还押候审（此时，威利·萨茨和佩里·布罗德已经在缴纳保释金后获释）。接下来，法官和陪审团将进行审议。因为法庭一共有 3 名法官和 6 名陪审团成员，只有投票达到多数，即至少 5 人投票同意，法庭才能做出决定。

在最初的审议中，数名陪审团成员认为，为了证明证人的可信度，法庭已经花费了太长时间，而且法官也不能仅仅依据他们的证词就做出决定。但是正如几名法官指出的那样，不少文件都支持证人的说法。最重要的是，法官、陪审团成员和律师在审判后期（1964 年 12 月 14 ~ 16 日）参观了奥斯维辛，而那里的情况与大部分目击证人的证词相符。10 天后，他们终于开始就公诉人对每一个被告提出的指控进行投票。根据法庭规定，陪审团成员必须在法官之前，从年龄最小的一位开始投票。

判决日被定于1965年8月19日。出乎一些法律观察家的意料，法官和陪审团在12天内就对所有被告的诸多指控做出了判断。法庭内人满为患，世界各大媒体纷纷来到现场，旁听位置上座无虚席。虽然调查显示，一半以上联邦德国人并未通过任何媒体关注审判的进展，但是突然之间，似乎所有人都希望见证这一历史时刻。

上午8点30分，被告鱼贯而入。赫克尔和巴雷茨基也仿效卡佩休斯，戴上了大号墨镜。几分钟后，3名法官在9点前进入法庭。与他在过去20个月里做的一样，霍夫迈耶法官宣布，“法庭已经听取了穆尔卡等人的案情。”所有被告最后一次起身站好。

霍夫迈耶宣布，他将在法官席上宣读简要判决。这实际上相当于对法庭所做决定的“口头解释”。判决书长达457页，“涵盖了法庭判罚每一个被告所依据的所有具体理由和证据”。但是法官就连口头宣读这份概要和裁决结果也用了整整两天。

霍夫迈耶首先解释说，做出关于奥斯维辛的重大历史性裁决不是法庭的义务。“虽然这场审判吸引了国内外的注意力，并且被称为‘奥斯维辛审判’。但是就本庭而言，我们只是在审理穆尔卡等人的案件。也就是说，本庭唯一需要考虑的是被告是否有罪。本法庭开庭不是为了主宰过去，也不需要判断自己的裁决是否符合这一目的。本庭不会开展政治审判，更不会制造一场审判秀。”

接着，霍夫迈耶直言不讳地驳回了控方的观点。他们认为在奥斯维辛工作过的所有人，都理所应当地被看成协助犯罪的同谋。但是主审法官表示，如果能够仅仅根据党卫军的身份和在死亡营服役的经历判决被告有罪，那么这场审判在“几个小时内就可以结束”，然而这也将证明联邦德国法庭“在法制的实施上并不比奥斯维辛高明”。

但是霍夫迈耶清楚地表示，被告不应该由于甘当“无足轻重之人”而受益。在执行灭绝计划的过程中，他们的作用和那些在办公桌前制定该计划的人们一样重要。

霍夫迈耶在做出结论前发现，由于时隔多年，目击证人难以做出准确的供述。“法庭严肃认真地审核了每一名证人的证词，”他说，“其结果是我们无法就指控中的所有项目达成定论。”他指出，由于纳粹“抹去了所有罪行的痕迹”，那些“可能有利于法庭做出判断的文件已经被销毁”，再加上被告自身“没有提供任何有助于查寻真相的线索，而且他们在许多方面缄口不言，甚至通常不会据实相告”，所以法庭核实证词准确性的能力十分有限。

接着，霍夫迈耶按照 20 个被告在庭审中的座位编号宣读裁决内容。这就是说，卡佩休斯要在听完 17 份裁决书后，才能得知自己的命运。在这 17 人当中，有 15 人被判决有罪。但有的人罪名严重，被判谋杀犯；有的人罪名较轻，被定罪为杀人同谋。卡佩休斯的朋友威利·萨茨被判无罪。卡佩休斯一定从中看到了一线希望。他也许认为，法庭会听信他的辩护，并且判定他是无辜的。

当霍夫迈耶转向卡佩休斯时，他立正站好。卡佩休斯曾说自己住在罗马尼亚，所以没有意识到，在奥斯维辛发生的事情是普遍性的罪行。但主审法官驳回了卡佩休斯的辩解。霍夫迈耶指出，他在集中营的行为是“残忍”和“恶毒”的。卡佩休斯后来告诉一位朋友，他不敢相信法官的这句话说的是他。法庭认为，由于他在站台上挑选囚犯，导致“至少 8 000 名罗马尼亚同胞死亡”，所以他应当为此事负责。法庭判决，他之所以极力否认自己在站台上扮演的角色，是因为“他完全清楚”，挑选囚犯的做法会将受害者置于死地，并且继续推动灭绝计划的实施。霍夫迈耶说，由于卡佩休斯监管过齐克隆B，所以他还应当为谋杀行为负责。

但卡佩休斯还是听到了一些好消息。尽管他曾向同事提供过杀死囚徒的苯酚，但他不需要为此担责，因为法庭发现，这些实验在他成为主任药剂师之前就已经结束。此外，法庭认为，虽然有目击者指证他曾经出现在妇女营，但是他不需要为那里发生的毒打和挑选囚犯的行为承担罪责。

最后，霍夫迈耶对卡佩休斯做出了谴责性的结论。法庭认为，“被告将受害者的财物据为己有是一种卑劣的做法。”

一些旁听者看到，此时的卡佩休斯仿佛一个泄了气的皮球。他垂下肩膀，耷拉着脑袋，双手撑着被告席桌子的边缘。当法官不再说话时，律师不得不叫他坐下。

对卡佩休斯来说，当天清晨仿佛是一场超现实的噩梦。他难以理解，在战争结束20年后，德国法庭竟然坚持要他为奥斯维辛发生的谋杀案承担法律责任。其间他一再否认自己与这些罪行有关，完全认为自己只是命该如此或者时运不济才会与它们扯上关系。即使是在1959年被捕时，卡佩休斯也从未料到他要为此承担刑事责任。但是现在，他听着霍夫迈耶滔滔不绝的陈述，无法理解法庭为什么不能体谅他的困境。有罪判决并没有使卡佩休斯幡然悔悟，意识到自己罪有应得。相反，他只是在自怨自艾。卡佩休斯认为，他被强行征召加入武装党卫军，是纳粹的“牺牲品”。现在联邦德国法庭要他为不在自己控制范围之内的罪行付出代价，无疑使他再次成为受害者。

拉特恩泽尔猛拽了一下卡佩休斯的上衣，他的思绪终于回到了法庭上。霍夫迈耶法官已经宣读完所有裁决。17 个被告均在某些指控上被判有罪，3 人被撤销所有指控（布赖特韦泽、萨茨和肖伯特）。虽然卡佩休斯一脸阴沉,但拉特恩泽尔还是很满意的。7 个被指控“蓄意杀人”的被告当中，他的委托人是唯一以罪名较轻的“杀人同谋”罪论处的。

接着，霍夫迈耶宣读了判决结果。6 个故意杀人罪罪犯被处以最高刑罚——终身监禁。这 6 人包括博格、卡杜克、克莱尔、霍夫曼、巴雷茨基和贝德纳雷克。其余协同谋杀罪罪犯得到了减刑,被判处 3 年(弗兰茨·卢卡斯医生）到 14 年（穆尔卡）不等的有期徒刑。卡佩休斯被判 9 年徒刑。他转身看着拉特恩泽尔，似乎想要证实自己没有听错。

“法兰克福法庭的审判到此结束,”霍夫迈耶法官宣布,“在这 20 个月的审判期间，本庭不得不再现了人们所遭受的苦难和折磨，而这些苦难和折磨将永远与奥斯维辛的名字并存。在奥斯维辛走过最后一段人生之路的孩子们，眼神茫然、质疑、困惑、充满恐惧。我们当中的一些人见过这样的眼神后，在今后很长的一段时间里将无法直视孩子们充满幸福、信任的双眸。”

霍夫迈耶对陪审团成员以及控辩双方的律师表示感谢，然后下令将所有被定罪的人押回监狱。

随后，他把目光转向刚刚接受判决的人。“请所有被告起立。你们已经听到了裁决，我有义务为你们提供一些法律建议。你们可以提出上诉，但只能以这一裁决违反法律为前提进行申诉，不得将法庭判决没有建立在事实基础之上作为重审理由。上诉申请务必于一周内提交。”

他最后一次敲下木槌。

“现在休庭。”

弗里茨·鲍尔对这一裁决大失所望。在他看来，这再次证明联邦德国不愿正视战时历史。有些人之所以被判处量刑较轻的协助和煽动犯罪，是因为法庭仍然“怀有一丝幻想，认为在纳粹时期的极权政府当中，只有少数人应当承担罪责，而其他人只不过是受到恐吓和侵犯的依附者，或者是被去除了自我和人性的人们。他们不得不从事完全有悖于自身本性的事情。可以说，联邦德国不是一个支持纳粹主义的社会，而是一个被敌人占据的国家。但是这与历史现实关系不大。这些人（小人物们）都是满怀怨毒的民族主义者、帝国主义者、反犹人士和仇犹分子。如果没有他们，希特勒的成功将不可想象”。

联邦德国在1954年颁布了禁止开展种族清洗和大屠杀的法律。鲍尔认为，该国拒绝对纳粹分子追溯和应用这一法律，是司法体系潜在的失败。“在纳粹占领下的欧洲，各国都得到了肃清犹太人的命令，而奥斯维辛和特雷布林卡等集中营则是屠杀工具。凡是操纵过这部杀人机器的人都应当由于参与谋杀而被定罪……就像如果某人是强盗团伙的成员，那么无论他是坐在办公桌前像老板那样下达杀人命令，还是分发手枪或者亲手杀人，他都应当被判谋杀罪。”

在不到一周的时间里，所有被告均提出上诉，企图推翻自己的有罪判决。根据联邦德国法律，公诉人也可以提出上诉。他们希望推翻威利·萨茨的无罪裁决，并且重新审判卡佩休斯、穆尔卡、赫克尔、德雷斯基、布罗德、施塔克和施拉格。公诉人在申请中提出，所有这些人都量刑过轻，应当改判处终身监禁。

对判决结果感到气馁的不只有公诉人。赫尔曼·朗本当时是布鲁塞尔另一个幸存者组织（“集中营国际委员会”）的秘书长，此次判决让他百感交集。朗本虽然对17个被告被判有罪感到满意，但是他认为法庭在判刑时过于宽宏大量。让朗本感到不解的是，集中营的两个副官赫克尔和穆尔卡竟然没有被判无期徒刑。对于卡佩休斯被裁断为杀人同谋罪而非蓄意杀人罪，朗本和其他一些幸存者也同样怒不可遏。“一个人如果不耻于从大屠杀中牟利，那么他显然是渴望发生大屠杀的，”朗本告诉一名记者。

持有这种看法的不止朗本一个人。苏黎世、巴黎和伦敦的报纸纷纷谴责判决结果，强调法庭对卡佩休斯和穆尔卡两人量刑过轻。民主德国的《新德国》报表示，“这一判决是对奥斯维辛逝者的侮辱”。次年，剧作家彼得·魏斯的戏剧《调查》开始公演，时间长达 4 个小时，其素材基本上来源于这场审判的证词。魏斯同样在剧中表示，卡佩休斯只是被略微斥责之后就脱罪了。

“全世界对我的尊重都荡然无存，”卡佩休斯写信告诉家人，“我被媒体打上了罪恶的烙印，魏斯还在卑劣的剧本中引用我的话，但实际上那是克莱因说的：‘一个小时以后，你们就能再见到彼此了。’不管主题是否与奥斯维辛有关，他们都会在舞台上……和书刊中引用审判的内容，每一篇文章都会提到这个字眼。而在许多国家，这种政治迫害都能增加销量。”

卡佩休斯虽然声名狼藉，但这至少带来了一个意想不到的好处。他在格平根的市场药店突然生意火爆，只是有人是为了给他打气，有人纯粹是出于好奇。

THE PHARMACIST OF AUSCHWITZ

| 第 24 章 |

噩梦结束了吗?

虽然审判已经正式结束，但是朗本等幸存者并没有停止努力。1964 年 9 月，他与维也纳大学取得联系，要求校方撤销卡佩休斯的药理学博士学位。这所大学没有听说过朗本，以为只要拒绝他的要求，他就会悻悻而归。朗本以前也曾多次遭遇无动于衷的官僚机构的阻力和懒政，这一次他同样采取了有效的策略。在撤销卡佩休斯学位一事上，朗本开始老练地寻找同盟，其中包括西蒙·维森塔尔中心、匈牙利和罗马尼亚职业移民协会、以色列一些知名的幸存者医生，甚至以色列驻奥地利大使。11 月，维也纳大学取消了卡佩休斯的专业学位，这令卡佩休斯大为光火（后来，朗本还成功地撤回了牙医威利·弗兰克和弗兰茨·卢卡斯医生的医学学位）。

法兰克福审判不仅激起了朗本等幸存者的斗志，而且产生了另一个令人意想不到的满意结果。庭审上的一些证词暴露了赫斯特·费舍尔医生的真面目。他是卡佩休斯在奥斯维辛的同事，战后一直在民主德国行医。费舍尔遭到逮捕后，被当地法庭判决有罪。1966 年，他成了民主德国最后一个在断头台上被处决的罪犯。

这场审判还促使弗里茨·鲍尔在办公室里完成了数起相关调查。从 1966 年至 1971 年，鲍尔进行了 3 场规模较小的奥斯维辛审判。在这些审判中，奥斯维辛和法本 / 莫诺维茨的一些主要囚犯头被判决有罪，其中最引人注目的是赫斯特·舒曼医生。此人曾经在奥斯维辛的妇科医院开展过令人毛骨悚然的绝育实验。战后他逃亡到加纳，1966 年 11 月被引渡回联邦德国（经过 6 个月的审判后，他因为“健康不佳”被释放出狱，以自由人的身份继续活了 11 年）。

奥斯维辛审判重新引发了人们对纳粹罪行的法定时效的争论，而这种辩论已经让人不胜其烦地持续了数年之久。在联邦德国，1945 年后控诉某人犯有谋杀罪的最初时效是 20 年。1965 年，随着 20 年期满，这一法定时效被暂时延长，以适用于鲍尔的所有案件。但是，卡佩休斯及其 21 名党卫军同事接受的审判创造了影响深远的历史纪录，鲍尔等人便利用这一点，强烈要求取消时间限制，允许人们在任何时候起诉纳粹时代的谋杀罪（直到 1979 年，这一提议才变成法律）。

卡佩休斯仍在狱中继续上诉，他的妻子和女儿会定期探监。此外，前来看望他的还有一些故交，其中包括施托费尔夫妇。但是就像在审判期间一样，最经常前来见他的还是他的律师。卡佩休斯会协助律师回顾不利于自己的案情，寻找撤回裁决的理由。

1968 年 1 月 24 日，被判处九年徒刑的卡佩休斯服刑不满两年半，但是联邦德国最高法院却在此时做出了一个令人震惊的举动，尽管他的上诉申请仍然悬而未决，但是联邦德国法院却将他释放出狱。法庭指出，他在联邦德国拥有固定的产业，家人也在这个国家，所以不存在畏罪潜逃的可能。法院还接受了卡佩休斯律师的申请。后者认为卡佩休斯从被捕到判刑之前，一共被羁押了四年半之久，所以法庭应当顾及人道主义，对其稍加体谅。就在距离他 61 岁生日还有数周时，卡佩休斯走出了监狱，他的上诉申请也有所进展。这一结果点燃了鲍尔办公室以及众多幸存者和媒体的怒火。

然而对卡佩休斯来说，这却是胜利的时刻。他的律师汉斯·拉特恩泽尔做出了准确的预言——他将再也不会身陷囹圄。卡佩休斯更希望上诉法庭能够推翻他的判决，宣布他无罪。但即便没有达到这个目标，被判九年徒刑却坐牢不到三年，也无疑是对卡佩休斯的一种安慰。

获释以后，卡佩休斯在一场古典音乐会上首次出现于公共场合。那天晚上，当他在家人的陪伴下走入音乐厅时，观众席中自发地响起了热烈的掌声。

弗莉琪一直不太适应联邦德国的新家，一开始就建议家人移居国外，开始新的生活。她很想返回家乡特兰西瓦尼亚，但是他们别无选择，因为从 1946 年起，罗马尼亚就判处卡佩休斯死刑，至今仍然有效。更重要的是，卡佩休斯不希望离开联邦德国。这里是他的新家，他已经付出了太多，不能在接受审判和被判有罪后，收拾行李一走了之。另外，当年夏天还传来了一条出人意料的消息—— 64 岁的弗里茨·鲍尔因心脏病去世。鉴于这样的形势以及邻居们对他们热情友好的态度，卡佩休更加相信继续留下才是正确的决定。

最重要的是，他们父女已经分离了很久，卡佩休斯不希望离开孩子们。显然，他的女儿们今后要在西方长期立足。长女梅丽塔在斯图加特技术大学学习工程学，而卡佩休斯在战后也申请过这所学校（次年，梅丽塔在拿到机械工程学学位后，搬往附近的路德维希堡，开始在曼胡默尔制造厂工作）。当他还在狱中时，二女儿英格丽德就从图宾根的艾伯哈特·卡尔斯大学拿到了生物和自然科学博士学位，而这所大学是德国最古老、最知名的学校之一。当卡佩休斯逐渐适应自由人的生活时，英格丽德开始从事博士后研究（在父亲获释一年后，英格丽德前往海德堡大学生物系教学）。小女儿克丽斯塔决定追随父亲的脚步，拿到药理学学位（后来，她来到格平根以北施韦比施哈尔的一家药房工作，距离父母家仅有一小时的车程）。

三个女儿也希望卡佩休斯留下。她们成年以后只在狱中或法庭上见过父亲，而现在他已经重获自由。这就意味着，她们终于有机会熟悉自己的父亲。[1]

17年后，即1985年3月20日，卡佩休斯自然死亡，时年78岁。在此之前，他和妻子两人住在格平根的家中，也就是他在20世纪50年代初购置的住宅（随后弗莉琪独自寡居，直到1998年死亡）。两人共同打理药店和美容院的生意，但是卡佩休斯失去了药理学学位，不能再开具处方。

然而在这十几年间，许多前来拜访这对夫妇的人们发现，由于弗莉琪满怀乡愁，卡佩休斯也经常要为自己在战争期间的服役经历辩解，所以两人都不堪重负。虽然卡佩休斯早已恢复自由，但是朋友们发现，他始终被囚禁在关于他的奥斯维辛叙事中。

罗马尼亚诗人迪特·施勒萨克的家人在战前就认识卡佩休斯。1978年，施勒萨克准备以这位药剂师为原型写一部小说，于是出于研究目的拜访了卡佩休斯夫妇。可是诗人惊讶地发现，他们不但混淆了人名和地名，而且在回忆某些事件时经常出错。

他后来写道："卡佩休斯身上有一点最令人不快，而且也很难令人忽视：他操着一口特兰西瓦尼亚口音，说话柔和有力，但是口气有些随便。我相信，他在营地时的声音一定很有震慑力，但是在他从指挥官沦落为阶下囚后，其个性发生了改变。所以现在他说起话来更像是一个糊里糊涂、满腹牢骚的老头。我的母亲从录音带上听到他的声音后，惊讶地说道：'一听他的声音就知道，维克多是个受过教育的人，他的思想一定变得温和多了。'"

对施勒萨克以及所有愿意听他唠叨的亲朋好友，卡佩休斯会花好几个小时讲述他的有罪判决为何属于误判。那为什么有目击者作证称，看见他在站台上挑选过囚犯，并且负责监管齐克隆 B？

"他们都是外国人，而且都被收买了。这是一个阴谋。他们想要诽谤我，好进行共产主义宣传……这是共产党对我实施了阴谋……我被拱手交给他们，是他们毁掉了我！"

有时候，他会泪眼婆娑地自艾自怜。弗莉琪极力想要相信，自己在维也纳大学医学院爱上的这个男人不会犯下法庭所指控的罪行。

在很多情况下，她甚至为他开脱。弗莉琪说，审判过后，他"一直严重抑郁"。她还经常发表意见，如果不是因为卡佩休斯"有些糊涂"，他早就被无罪释放了。"四年的单独监禁，再加上那么多观众和灯光，他感到茫然无措……所以无法集中精神……他的笑容完全是出自无心。"

那他为什么会在站台上挑选囚犯？

"因为就像在国内一样，你必须不折不扣地执行命令，不能有任何反抗。"卡佩休斯答道。

"是呀，而且你也拒绝'挑选囚犯'。"弗莉琪接口说。

"对！"卡佩休斯附和道。

那奥斯维辛是怎么回事？如果卡佩休斯真的像他所说的那样讨厌这个地方，他为什么没有设法调往东线？

"我不会主动要求上战场的，因为我年纪太大了。"

那他试过了吗？

"没有。他们说我们不能上前线，那里不需要我们，我们只能留在后方工作。"

一次，有人告诉卡佩休斯，他的朋友罗兰·阿尔伯特曾经提出申请，并且获准调往前线。

"他是 1944 年 11 月被调走的，那时一切都结束了。"当然，假如卡佩休斯也在当时提出申请，他就会在奥斯维辛少服役 3 个月。

"所有这些可怕的事情，"弗莉琪说，"维克多有时候说，它们只不过是一场噩梦。不是他的噩梦，而是别人的噩梦。"

最后，为了替自己开脱，使过去的所作所为变得合情合理，卡佩休斯又回到老一套的说辞上，声称他别无选择。

"我能逃走吗？不能！绝不能开小差！你马上会被抓住，然后在最近的杆子上被绞死。个人根本无力抵抗……你不可能对抗体制。纪律是最重要的，这可是在战争期间。"

亨利·奥蒙德在奥斯维辛审判中成为一些民事原告的律师。他论证道，卡佩休斯的辩解完全是一派胡言：

> 这里我必须就所谓"被迫执行命令的苦衷"（Befehlsnotstand）说上几句，要求下级必须服从上级命令是一个谎言。在过去数年中，

有人公然利用这种辩词篡改历史。1958 年，纳粹罪行中央调查办公室在路德维希堡成立，随后开始彻底调查这一说法。他们认真审查了那些出现在一场场官司中的证人，仔细核对了他们的供述。请注意：事实证明，没有一起类似事件得到证实——我再说一遍，没有一起类似事件——没有人被扭送党卫军或治安法庭，更不用说像他们描述的那样，被草草枪毙、绞死或者送入毒气室处死。简言之，如果有人表明他不能参与这些杀人越货的罪行，他并不会受到处罚！

卡佩休斯宣称，这只不过是表面现象。

“在审判中，人们所说的一切和奥斯维辛的实际情况完全不同。”

【1】1992 年，梅丽塔·卡佩休斯从曼胡默尔公司退休，后来在德国最大的特兰西瓦尼亚撒克逊联盟担任县主席。该联盟是罗马尼亚日耳曼人成立的一个文化机构，她的母亲弗莉琪也是该联盟的活跃人物。2013 年，梅丽塔去世。1980 年，英格丽德·艾斯格曼－卡佩休斯升任海德堡大学生物学正教授，并在随后的 20 年里一直担任着这一职位，她的科学论文被广泛刊载。克丽斯塔·埃瑟是唯一一个婚后放弃父姓的女儿，她于 2014 年从药剂师的岗位上退休。笔者虽然找到了英格丽德和克丽斯塔，但两人均不愿接受采访，也不肯提供任何帮助。不过，英格丽德在拒绝笔者时做了让人印象深刻的评述。她指出，“过去所说的那些事情已经成了谎言”。在克卢日，也就是她们姐妹长大的地方，“不同少数族裔之间相处和睦”。“他并不想出现在那里（奥斯维辛），他曾经想要帮助人们”。有一名深得她父亲信任的囚犯助理是犹太人，但是她记不清他的姓名了（这个人实际上就是弗里茨·彼得·施特劳赫）。她相信此人一定会作证支持卡佩休斯，但是他不幸在审判前去世。

尾　声

第一个道歉的集中营党卫军

数十年来，1963~1965 年的奥斯维辛审判似乎只是联邦德国司法史的一个脚注。它几乎没有对历史学家评价大屠杀产生任何影响，也没有促使普通联邦德国民众做出深入灵魂的反省。这主要是因为审判记录在很长时间里下落不明，没有人能对此进行仔细研究。这是在法庭采取逐字记录方式前的最后一起重大案件。当时，所有证人的证词会被录音，以便法官和陪审团在审议时使用。法庭原本决定销毁所有档案和录音带，但是不知出于何故，霍夫迈耶法官并没有毁掉它们，而是将它们置于保护性监管下封存了 30 年，也就是保管至 1995 年。这些录音带被储藏在法兰克福公诉人办公室的地下室内。1993 年，当地的一家广播电台发现了它们，但是录音带已经面目全非，于是人们开启一项为期两年的计划，将这些录音材料转换为数码档案。

弗里茨·鲍尔研究所是一个以大屠杀为主题的文献中心，并且以前检察官弗里茨·鲍尔的名字命名。1995年，上述录音资料被公开后，这间研究所开始进行一项艰巨的任务——转录长达500多小时的法庭证词。这些庭审材料使历史学教授大卫·潘德斯和丽贝卡·维特曼得以在2006年和2012年对这场审判及其后果进行深入探讨，而他们的文章也得到了极高的评价。

2011年，德国某法庭判处约翰·德米扬鲁克5年徒刑。这名索比堡死亡营的看守虐待成性，需要为28 000名囚犯之死负责。这起案件之所以家喻户晓，是因为德米扬鲁克后来在俄亥俄州成了一名汽车工人，并且数年来都在抗拒德国将他从美国引渡回去。但是法学家们清楚，这次审判不仅只是将又一个纳粹罪犯判刑，而且可能产生深远的影响。法兰克福的奥斯维辛审判说明，除非有证据能够确凿无疑地证明被告与某次谋杀有关，否则法庭不可能判决此人犯有谋杀罪。但是在德米扬鲁克案件中，慕尼黑的检察官说服审案法官，在索比堡服役的所有人都是大屠杀中不可分割的一部分。

德国各地的检察官立即抓住这个机会，对数十个集中营卫兵展开了调查。在此之前，由于无法证明个人的谋杀行为，这些案件均被撤销。《纽约时报》将这些新生代检察官称作“孙辈检察官”，指出他们“就如何给战争期间所犯罪行定罪，提出了一个争议较小的观点”。

在德米扬鲁克案宣判后的6个月里，路德维希堡的纳粹罪行中央调查办公室从集中营博物馆获取了一份名单，上面列出了50个前奥斯维辛卫兵的名字。此外，该办公室还找到了另外7个嫌疑人，这些嫌疑人目前分别住在美国、澳大利亚、巴西、克罗地亚和波兰。截至2013年9月，路德维希堡办公室向当地检察官提交了针对30个前奥斯维辛卫兵的指控，这些卫兵的年纪都在86至97岁之间。

“就个人而言，鉴于这些罪行的残暴程度，我们不能仅仅对那些幸存者和遇难者表示：‘时间已经过去很久了，不要再提了。’”库尔特·施瑞姆说。施瑞姆自2000年以来就像弗里茨·鲍尔一样，成了起诉纳粹时代罪行最主要的一名公诉人。“我们认为，只要此人曾在集中营内任职，无论其个人罪名如何，他都应当因为参与谋杀而被判决有罪。”

施瑞姆明确表示，这些年事已高的奥斯维辛纳粹分子是他的首选目标，但不是唯一目标。他承诺把搜查前纳粹卫兵的范围扩大到另外5座集中营——贝尔泽克、切姆诺、马伊达内克、索比堡和特雷布林卡，并且将追捕那些曾经在特别行动队，即纳粹的流动行刑队服役的党卫军成员。

当施瑞姆雄心勃勃地准备对最后一批纳粹分子进行起诉时，人们普遍对此表示欢迎，尤其是埃夫拉伊姆·祖洛夫——西蒙·维森塔尔中心的顶级纳粹猎人。“这是将纳粹分子绳之以法的一个重要里程碑，近年来还没出现过这样的事。”

数十年来，德国的司法系统在如何让前纳粹分子承担罪责的问题上始终纷争不断。现在，很多人从重启诉讼的热情中看出，德国司法系统终于能够依法惩处那些仍然在世的纳粹罪犯。

“亡羊补牢，为时未晚。”劳伦斯·道格拉斯总结道。他是阿默斯特学院的法学家，曾经专门研究过纳粹罪行。

在新一轮调查中，第一场审判是2015年对95岁的奥斯卡·格罗宁的诉讼，法庭以协从杀害300 000人的罪名判处这个奥斯维辛的会计员

4年徒刑。在2015年至2016年间，还有三起审判已经被列入日程安排中。其中一个被告是93岁的纳粹党突击队成员，他曾经在奥斯维辛服役两年，但是在2016年4月审判开始前过世。第二起案件的被告是奥斯维辛的一个卫生员，因为有医生判定他重病在身，所以此案暂缓开庭。第三起审判颇富戏剧性。2016年，94岁的党卫军看守莱茵霍尔德·汉宁被指控在死亡营服役的18个月期间，协从杀害了170 000人。

在审判开始后的前两个月里，汉宁一言不发。2016年4月29日，他突然打破沉默，坐在轮椅上，用虚弱的声音向法庭发言：

> 我想说，作为这个犯罪组织的一员，我感到深深的不安。我看到了种种不公正的行为，却没有采取任何措施加以阻止，对此我感到十分羞愧。我为自己的行为表示歉意。我非常非常抱歉。

对许多幸存者来说，他的道歉远远不够。2016年7月，为了伸张正义，法庭判决他有罪，并处以五年徒刑。汉宁说过，他已经“用一生去忘记这段时间，因为奥斯维辛就像一场噩梦”，但是他的余生恐怕要在监狱中度过。“我对自己听从这个犯罪组织的命令深表歉意，”他说，“这个组织必须承担罪责，它导致许多无辜者死亡，毁灭了不计其数的家庭，给受害者及其亲属带来了巨大的不幸、悲痛和苦难。”

汉宁承认，在死亡工厂任职无异于帮助纳粹开展大屠杀。这是党卫军士兵第一次为奥斯维辛发生的罪行道歉，并且愿意承担罪责。维克多·卡佩休斯没有良心不安，他始终不愿像汉宁一样对自己的行为做出诚实的清算。相反，他宁可一再辩称自己清白，直到走进坟墓。所以他不只是一个被判决有罪的杀人犯和盗墓贼，而且是一个缺乏良好的道德品性、不敢为自己在奥斯维辛的作为承担责任的卑劣小人。卡佩休斯的确是一个普通人，而这也是他乐于向公众展示的一面。然而，就像其他许多纳粹分子一样，他犯下了惊人的罪行。最终，他选择了懦夫的道路，在拒不认罪的日子中苟活并死去。这是他永远的耻辱！

致 谢

鉴于这本书的主人公歪曲事实、信口胡言，耗费了大半生来掩饰自己的过去，所以写好本书并不容易。为完成写作，我进行了两年的研究。在此期间，我搜集了大量有关维克多 · 卡佩休斯及其战前雇主 I.G. 法本的文献档案。我对他们进行了深入调查，这一点增加了我的成就感。同时我也愿意为书中信息的准确性和判断的公正性承担所有责任。

我的大部分研究得益于许多个人和机构的支持。在积累文献期间，为我提供过帮助的有华盛顿特区国家档案和记录局参考书目部的保罗 · B. 布朗、档案专家拉里 · 肖克利、参考书目处主任里克 · 波伊泽；慕尼黑国家档案馆档案专家罗斯 · 玛丽勒切尔；联邦德国威斯巴登黑森州外交档案专家克里斯蒂安 · 克勒曼；联邦德国科布伦茨联邦档案馆档案专家迈克尔·科南、贝利特·瓦尔特和斯文·德万迪尔；联邦德国路德维希堡联邦档案局的彼得·戈勒博士；罗马尼亚布加勒斯特国家档案馆首席档案专家利维乌 - 丹尼尔·格里高列斯库博士、出版和科学刊物部的劳拉·杜米特鲁；联邦德国巴登 - 符腾堡州档案馆的西格丽德·布拉茨克；罗马尼亚克卢日 - 纳波卡市克卢日国家档案馆的米哈伊·古伊巴斯；罗马尼亚布加勒斯特内政部档案主管伊万·德拉甘博士；华盛顿特区美国大屠杀纪念馆的文森特·斯拉特；以及耶路撒冷亚德·韦谢姆大屠杀纪念馆的伊曼纽尔·莫斯科维茨。

此外，我还要感谢法兰克福 DPA 图片联盟的彼得·斯特罗和罗兰·克洛斯特曼、斯坦福大学胡佛研究所档案馆的卡罗尔·A. 里登海姆及时回答我的问题，并提供了有益信息。在此还要感谢维尔纳·伦茨博士给予我的专门指导，他在法兰克福档案和文献馆下辖的弗里茨·鲍尔研究所工作。图德·帕菲特教授也慷慨地为我提供了帮助。蒂娜·汉普森在英国裘园的国家档案馆花费数日搜寻有关卡佩休斯及其在战后被英国拘留的文档，此前它们还未被发现。感谢她孜孜不倦地在浩如烟海的记录里寻找资料。

在我动笔之初，西蒙·维森塔尔中心的副主任亚伯拉罕·库珀拉比给予了我极大的鼓励。我还要特别感谢我的朋友、历史学家大卫·马韦尔，他的专长是研究第二次世界大战和第三帝国。他耐心回答了我许多问题，还告诉我在搜寻有用的档案资料时可以询问哪些人。他也对本书初期的手稿提出了有益的批评。此外，大卫还热心向我推荐了伊洛娜·莫拉多夫，后者帮我们在德国处理采访请求。

本书的照片承蒙多人提供，他们只收取了适当的授权费。为此，我要感谢汉堡工作室经销和市场部的克里斯汀·舍雷尔为我处理了北德意志广播公司（NDR）和1964年影片《凶手就在我们当中》的图片。我还要特别感谢奥伯鲁塞尔市辛德勒摄影公司的加比·辛德勒。

我最感激的是法兰克福黑森传媒公司项目销售主任迈克尔·霍夫曼。他允许我免费使用许多有助于澄清本书内容的照片，尤其是战后的照片，而它们的出现得益于制片人罗尔夫·比凯尔和迪特里希·瓦格纳在拍摄纪录片《奥斯维辛审判》时所做的开拓性工作。

由于大量历史文献是用德语、罗马尼亚语、匈牙利语和希伯来语写成的，而且有些档案历经数十载，往往字迹模糊，一批译者为此工作了很长时间。他们的辛勤翻译对写成卡佩休斯的故事至关重要。我要特别感谢以色列的露丝·温特、迈阿密州的亚历克斯·林勒布、托马斯·贾斯特和奥伦·尼兹丽。我还受惠于好友克里斯托弗·彼得森和安·弗勒利希，是他们从百忙之中不吝抽出时间，认真细致地阅读了手稿，并且提供了有益的批评，从而使本书更加出彩。艾伦·德金对原稿进行了润色，是一位尽职尽责的文字编辑。

本书的问世要特别感激出版商克里斯托弗·拉塞尔斯。他欣然接受了我对出版维克多·卡佩休斯传记的建议。他在本书出版的过程中所给予的热情支持、细心编辑和展现出的绝佳悟性在当今出版界不可多得，并且对我大有裨益。

最后，我要感谢我丈夫杰拉尔德·波斯纳。在创作本书的过程中，他始终对我鼓励有加。他对我能力的信任让我有信心圆满收笔。我们是平等的伙伴，我们的人生离不开彼此。在讲述维克多·卡佩休斯的故事时，我们两人之间的关系也是如此。杰拉尔德是一名孜孜不倦的研究者，而且擅长编辑，他使我能够始终专注于文字叙述。本书的付梓离不开他的功劳。

"iHappy书友会"会员申请表

姓　名（以身份证为准）：__________　性　别：__________

年　龄：__________　职　业：__________

手机号码：__________　E-mail：__________

邮寄地址：__________　邮政编码：__________

微信账号：__________（选填）

请严格按上述格式将相关信息发邮件至中资海派"iHappy书友会"会员服务部。

邮　箱：szmiss@126.com

微信联系方式：请扫描二维码或查找zzhpszpublishing关注"中资海派图书"

中资海派公众号　中资海派淘宝店

<table>
<tr><td rowspan="9">优惠订购</td><td colspan="2">订阅人</td><td></td><td>部门</td><td></td><td>单位名称</td><td></td></tr>
<tr><td colspan="2">地　址</td><td colspan="3"></td><td>邮　编</td><td></td></tr>
<tr><td colspan="2">电　话</td><td colspan="3"></td><td>传　真</td><td></td></tr>
<tr><td colspan="2">电子邮箱</td><td colspan="2"></td><td>公司网址</td><td colspan="2"></td></tr>
<tr><td>订购书目</td><td colspan="6"></td></tr>
<tr><td rowspan="2">付款方式</td><td>邮局汇款</td><td colspan="5">深圳市中资海派文化传播有限公司
中国深圳银湖路中国脑库A栋四楼　邮编：518029</td></tr>
<tr><td>银行电汇或转账</td><td colspan="5">户　名：深圳市中资海派文化传播有限公司
开户行：工商银行深圳八卦岭支行
账　号：4000 0273 1920 0685 669
交通银行卡户名：桂林　卡　号：622260 1310006 765820</td></tr>
<tr><td>附注</td><td colspan="6">1. 请将订阅单连同汇款单影印件传真或邮寄，以凭办理。
2. 订阅单请用正楷填写清楚，以便以最快方式送达。
3. 咨询热线：0755-25970306 转 158、168　传　真：0755-25970309 转 825
E-mail: szmiss@126.com</td></tr>
</table>

→利用本订购单订购一律享受九折特价优惠。

→团购 30 本以上享受八五折优惠。